حقوق الإنسان ومعاييرها الدولية

حقوق الإنسان ومعاييرها الدولية

تأليف

الدكتور كمال سعدي مصطفى

الطبعة الأولى

2010

رقم الإيداع لدى دائرة المكتبة الوطنية (2009/8/3826)

323

مصطفى ، كمال .

حقوق الإنسان ومعاييرها الدولية / كمال سعدي مصطفى . عمان: دار دجلة 2010.

(130) ص

ر.أ : (2009/8/3826).

الواصفات:/ حقوق الإنسان // المعايير الدولية /

أعدت دائرة المكتبة الوطنية بيانات الفهرسة والتصنيف الأولية

الطبعة الأولى 2010

دار دجلة
ناشرون وموزعون

المملكة الأردنية الهاشمية

عمان- شارع الملك حسين- مجمع الفحيص التجاري

تلفاكس: 0096264647550

خلوي: 00962795265767

ص. ب: 712773 عمان 11171- الأردن

جمهورية العراق

بغداد- شارع السعدون- عمارة فاطمة

تلفاكس: 0096418170792

خلوي: 009647705855603

E-mail: dardjlah@ yahoo.com

978-9957-71-136-8 :ISBN

تمهيد

وافقت كلية الحقوق (المندمج مع كلية القانون حاليا) في جامعة صلاح الدين على تكليفي بالتأليف في مادة حقوق الإنسان بعد أن ادخل تدريس هذه المادة ضمن مناهج كليتنا للمرحلة الثالثة وأود أن أبين بان الاهتمام بحقوق الإنسان اتسع نطاقه في الوقت الحاضر وحظي باهتمام المشرعين في اغلب دول العالم في وقتنا الحاضر بل أن اتفاقيات ومعاهدات دولية كثيرة أبرمت ومجموع من بيانات أعلنت لغرض حماية حقوق الإنسان أهمها الإعلان العالمي لحقوق الإنسان المعلنة في 1948/12/10 والذي يمثل المثل الأعلى المشترك التي يؤيدها جميع الشعوب والأمم في العالم. وهو موضوع من أهم المواضيع ذات الأولوية على المستوى الوطني والعالمي، حيث عقدت بخصوصه عشرات المؤتمرات وشغل أذهان رجال الفكر والقانون والسياسة.

ونظرا لأهميته أصبح اليوم من المقررات الدراسية في جامعات كثيرة وبالأخص في كليات القانون والعلوم السياسية.

وأخيرا الحمد لله أن ميلي الفرصة للقيام بهذا العمل وأدعو الله يصبحانه وتعالى بأن يجعل جهدي المتواضع في ذلك خالصا لوجهه الكريم وان يمنحني الإخلاص والصدق فيما اكتب واعمل، هذا وبالله التوفيق.

المؤلف

1- مقدمة :

رغم انتشار مصطلح الحق في الحياة اليومية والعملية ورغم أهميته وأصالته في الشرائع المختلفة هناك من الفلاسفة وفقهاء القانون من ينكره وينادي بالتخلي عن استعماله.

فقد تعرضت فكرة الحق لهجوم شديد من جانبهم وفي مقدمتهم أوجست كونت والذي يقول: (إن الجماعة يجب أن تأخذ مكانها فوق كل شيء، وان أعضاء الجماعة لما بينهم من ترابط وتضامن، لا يجوز لهم أن يضعوا أنفسهم فوقها.... فلا توجد حقوق، بل وظائف اجتماعية ثم لا مزيد على ذلك)، وكذلك الفقيه الفرنسي ليون دكي Leon Dugout. والفقيه النمساوي هانز كلسن Hans Kelsen وأنصار المذهب الاشتراكي.

حيث أن الفقيه ليون دكي يقول بهذا الخصوص: (الحق الطبيعي واللصيق بالفرد لا يمكن التسليم به لآن الإنسان المنفرد لا يمكن أن يكون له حق).

وتقوم نظرية كلسن على استعباد كل ما يرتبط بالاعتبارات السياسية والعقائدية والاجتماعية والخلقية والفلسفية من نطاق دراسة وتحليل الظواهر القانونية. ونقطة البدء عند كلسن هي أن القاعدة القانونية لا تتمثل إلا في القانون الوضعي وأن كل قاعدة تستمد قانونيتها من القاعدة التي تعلو عليها وهكذا. وهذا القانون الوضعي ينشىء التزامات ولا ينشىء حقوقا.

وعلى ذلك فإن كلسن ينكر فكرة وجود الحق، فالحق لديه لا يختلف عن قاعدة من قواعد القانون الوضعي. فكل قاعدة تقرر التزاما معينا ولكنها لا تقرر حقا فرديا وتلتقي نظرية كلسن مع نظرية دكي في سلب لفظ الحق جوهره لا نهما تنفيان وجود الحق.

أما المذهب الاشتراكي، لا يعني بالإنسان كفرد في ذاته منعزل ومستقل عن غيره من الإفراد ولكنه يعني به ككائن اجتماعي مرتبط بغيره ومتضامن معهم في تحقيق

مصلحة الجماعة التي ينتمي أليها ويضع مصلحة الجماعة في المقدمة كما ينكر وجود حقوق طبيعية للفرد سابقة على وجود المجتمع.

بعدما عرضنا أراء بعض الفقهاء من أنصار الناكرين لفكرة وجود الحق واتجاه الفكر الاشتراكي حول هذا الموضوع، نقوم الآن بعرض أفكار المؤيدين لفكرة الحق حيث يمثلون أغلبية الفقهاء والفلاسفة الذين تطرقوا لنظرية الحق وهم أنصار المذهب الفردي.

النزعة الفردية نزعة عريقة في وجودها أمن بها الرومان وبعض من سبقهم في المجتمع القديم، وقد ظهرت هذه النزعة الفردية نتيجة لطغيان الحكام والسلطة المطلقة للطبقة الحاكمة وكرد فعل لها، وتهدف تحرير الفرد من هذا الظلم وحماية حقوقهم وكفالة تمتعهم بها، انتعشت فكرة الحقوق الطبيعية للإنسان في الفكر الفلسفي في القرنين السابع عشر والثامن عشر وبلغت ذروتها أبان الثورة الفرنسية ووضعت الفلسفة الفردية موضع التطبيق مستندة إلى نظرية القانون الطبيعي، وهي النظرية التي تنادي بوجود مثل عليا لا تتغير من حيث جوهرها بتغير الزمان والمكان رغم تغير مضمونها بمرور الزمان بفعل العوامل المختلفة.

حيث انطبعت هذه الفكرة بطابع فلسفي لدى اليونانيين ثم تغير مضمونها فانطبعت بطابع قانوني عند الرومان ثم اصطبغت بصبغة دينية عند رجال الكنيسة واصطبغت فيما بعد بصبغة سياسية في القرنين السابع عشر والثامن عشر.

ووفقا لهذا المذهب فإن للفرد حقوقا يكتسبها من الطبيعة بصفته إنساناً وهي لصيقة به وأنها في وجودها لا تستند إلى وجود الدولة والقانون. فالفرد، وهو الهدف الأسمى من كل تنظيم قانوني، يتمتع بهذه الحقوق قبل وجود الجماعة. وسوف نتكلم عن ذلك بالتفصيل عند دراسة حقوق الإنسان وعلاقتها بالحقوق الطبيعية في ثلاث فقرات، نخصص الفقرة الثانية بعد المقدمة، لدراسة مفهوم حقوق الإنسان ونشأتها وتطورها الفكري، ونتكلم في الفقرة الثالثة عن المعايير الدولية لحقوق

الإنسان، وفي الخاتمة، نقوم بعرض أهم النتائج التي توصلنا إليها في هذا البحث مع بيان التوصيات اللازمة بهذا الصدد.

2- مفهوم حقوق الإنسان ونشأتها وتطورها:

2-1 مفهوم حقوق الإنسان

الإنسان هو محور الحقوق جميعا. فهي، مبدئيا لا تكون إلا له وإذا كانت مفيدة، لمصلحة المجتمع في بعض الأحيان، فليس هذا التقيد إلا لمصلحة الإنسان نفسه، الذي هو (مدني بطبعه) بحسب الرأي الراجح، ولابد له من التعايش الاجتماعي مع أخيه الإنسان.

غير إن فئة من الحقوق اعتبرت أساسية وحيوية، واصطلح العلماء المحدثون على تسميتها وحدها بحقوق الإنسان، وذلك تقديرا لأهميتها، واحتراما للكرامة والقيم الإنسانية وهي لصيقة بالشخصية، كحق الشخص في الحياة وفي سلامة جسمه وأعضائه وحقه في المحافظة على شرفه وكرامته. فهي حقوق طبيعية عامة تثبت للإنسان لكونه إنساناً وتنبع من بشريته، وتتصل به وتثبت بمجرد ولادته وتنتهي بوفاته وتثبت لجميع الناس بشكل متساو. وتسمى بالحقوق الطبيعية أو حقوق الإنسان لكونها حقوقا تفرضها الطبيعة البشرية ويقررها القانون الطبيعي بحكم كونه إنساناً. وان نسبة مبادئ حقوق الإنسان لمجموعة بشرية معينة أو حقبة تأريخية محددة عملية غير علمية وليست صحيحة. ففكرة حقوق الإنسان هي مزيج من التفاعل الحضاري للمفاهيم الإنسانية عبر العصور. لذلك فلكل مجموعة الحق في الادعاء ببعض القيم والأفكار التي تحتويها.

كما قلنا في المقدمة، منذ القدم استمرت المناقشات حول مصادر وأنواع الحقوق، والحصيلة كانت ولادة عدة نظريات للتحليل والتحقيق حول الحقوق.

بعض هذه النظريات تؤكد على أن الطبيعة هي مصدر الحقوق، وتقول أخرى بأن الرب هو صاحب كل الحقوق وهو الذي يهبها للإنسان. بينما هناك نظريات على عكس ما سبق، بأن الدولة هي المصدر الوحيد للحقوق، لان الحقوق في رأيها تبنى على القانون وبدونه لا يوجد شيء أسمه الحق، على كل حال، أذا كانت مناقشة المشرعين حول وجود الحقوق أو عدمه على هذه الشاكلة فكيف إذن ينظرون إلى أقسام وأنواع الحقوق. في الواقع إن الإنسان محور كل حقوق كما قلنا في السابق، لذا لا يمكن النظر إليها دون الإنسان وبعكسه، إذن فهما لا ينفصلان، ففي الأصل إن الحقوق وجدت لخدمة مصالح الإنسان، ولكن أحيانا عندما تقلل من حقوق الإنسان أو انه يقف مكتوف الأيدي أمام تجسيد بعض هذه الحقوق، لا يعني ذلك إن هذا هو ضد مصالح الإنسان بل إن معوقات تطبيق الحقوق هي في مصلحة الإنسان.

لان الإنسان يعتبر مدنيا وفق طبيعته بحسب الأصل، لذلك فأنه عقد اتفاقا مع الآخرين من بني جنسه حوله والذي يسمى (العقد الاجتماعي) وبموجب هذا العقد قد يترك الإنسان بعض حقوقه للمجتمع مقابل الاحترام والاحتفاظ ببقاياها بهدف الخلاص من الحقوق المضادة. لان حرية كل فرد تبدأ في المكان الذي تنتهي منه حرية شخص آخر، ولأجل تنظيم هذه الحريات، يستوجب عقد الاتفاق الاجتماعي، إذن عرفنا ما هي الحقوق، فماذا تعني حقوق الإنسان؟.

كما ذكرنا آنفا بأن الإنسان هو محور كل الحقوق، وهو والحقوق لا ينفصلان، ولكن بالرغم من وجود هذه العلاقة الوثيقة، فأن هناك حقوقا رئيسية للإنسان لا يمكن الاستغناء عنها، كما وفي نفس الوقت توجد للإنسان حقوق ثانوية يمكن الاستغناء عنها لأنها لا تضره في كل الأحوال. وهذه الحقوق الأساسية تسمى حقوق الإنسان، في الواقع إن حقوق الإنسان والحقوق الطبيعية والحقوق المدنية كلها تتحد في المضمون ولكنها تختلف في التسمية.

وحسب أقوال (شيشرون وتوماس الاكويني وأرسطو) فأن مصدر الحقوق الطبيعية هو القانون الثابت والخالد والذي لا يتأثر بتغير الزمان والمكان من حيث

جوهره ويطبق على كل فرد في أي مكان يكون سواء هنا أو هناك، وهذا القانون هو القانون الطبيعي، ويدرك الإنسان أحكام هذا القانون ويصل إليها عن طريق العقل.

ونحن نقول، إذا كان هناك قانون باسم القانون الطبيعي، وحقوق باسم الحقوق الطبيعية، فإن الله سبحانه وتعالى هو واضعه بدون شك ونتلمس أحكام هذا القانون من خلال القران الكريم.

في بعض الأحيان تقليل جزء من هذه الحقوق يضر بكرامة الإنسان وهو ضد مصالحه وعلى هذا الأساس فانه من البديهي أن ذلك بدوره يؤدي إلى التقليل من القيمة الإنسانية ونستطيع أن نعتبره إنساناً غير سوي، ولكن على عكس ذلك فأن إكمال هذه الحقوق يؤدي إلى إكمال إنسانيته، وعلى هذا الاعتبار فان مجموعة الحقوق التي اقرها الإعلان العالمي لحقوق الإنسان عام 1948 تعتبر الحد الأدنى من الحقوق الضرورية للإنسان، ولهذا سميت بحقوق الإنسان، لذا فان أي تجاوز على هذه الحقوق يعتبر تجاوزا على الإنسان نفسه فمثلا منعه عن حرية التعبير وحق الانتخاب وحقوق التربية والتعليم هي في حد ذاتها تقليل من شخصية الإنسان.

كما ذكرنا سابقا أن هذه الحقوق الأساسية مرهونة بطبيعة الإنسان وقيمة الإنسانية، ويقوم المجتمع بتنظيمها بحيث تنسجم مع المجتمع نفسه ومع الظروف التي تحيط به. لذا نرى ان في كل دولة يقوم القانون بتحديد الحقوق الأساسية للإنسان، وهذا هو مضمون الفرق بين هذه الحقوق والحقوق التي جاءت في الإعلان العالمي لحقوق الإنسان والذي أقرته الجمعية العامة للأمم المتحدة بتاريخ 1948/12/10 حيث يتألف من ديباجة و (30) مادة تحدد حقوق الإنسان وحرياته الأساسية. ويمكن تقسيمها إلى مجموعتين رئيسيتين وهما الحقوق المدنية والسياسية، والحقوق الاقتصادية والاجتماعية والثقافية. ويتميز الإعلان العالمي لحقوق الإنسان عما سبقه

من جهود دولية ووثائق ومواثيق أخرى بشموليته وعالميته. فقد جاء في إعقاب حربين عالميتين عانت البشرية من ويلاتها معاناة لا حد لها[1].

شكل الإعلان منبعا أصيلا للجهود الداخلية والعالمية لتعزيز حقوق الإنسان وحمايتها، وجسد الفلسفة الأساسية للكثير من الإعلان والمواثيق العالمية، ويعتبر الشجرة التي تفرعت عنها بقية أغصان حقوق الإنسان، حيث تفرعت ما لا يقل عن مئة زهرة من إزهار عبر تصريحات دولية. حيث أكد المؤتمر الدولي الأول لحقوق الإنسان والمنعقد في طهران سنة 1968 (أن الإعلان العالمي لحقوق الإنسان يمثل تفاهما تشترك فيه شعوب العالم على ما لجميع أعضاء الأسرة البشرية من حقوق ثابتة منيعة الحرمة. ويشكل التزاما على كاهل أعضاء المجتمع الدولي)[2]. إلا أنه بالرغم من كونه اليوم يعتبر جزئا من الشرعة الدولية وبالإضافة إلى كل هذه التأكيدات من لدن المجتمع الدولي على احترامه، فهناك دول عديدة تتعرض له وتنتهكه انتهاكا شديدا.

وجدير بالذكر، أن الحقوق الأساسية للإنسان، لها علاقة مباشرة مع كل فرد والأفراد الآخرين في المجتمع، لذا نستطيع القول بأنه لا يمكن لأي شخص أن ينال جميع حقوقه كاملة إلا في ظل نظام ديمقراطي حقيقي لان النظام الديمقراطي هو الذي يضمن تلك الحقوق لأفراد المجتمع[3] ويضع الحدود لها.

في الواقع إن فكرة الحقوق الطبيعية والتي تضم حقوق الإنسان ظهرت من قبل مؤيدي المذهب الفردي في أوروبا، أثرت نظرية العقد الاجتماعي ومبادئ مدرسة الحقوق الطبيعية تأثيرا كبيرا على مؤيدي المذهب الفردي، وعلى هذا الأساس يحصل

---

(1) - د. عبد الحسين شعبان: محاضرات في القانون الدولي الإنساني وحقوق الإنسان، ألقيت على طلبة الدراسات العليا - الدكتوراه لكلية القانون والسياسة، قسم القانون، جامعة صلاح الدين،الكورس الثاني للعام الدراسي 2000/1999.

(2) - د. عبد الحسين شعبان: محاضرات في القانون الدولي الإنساني وحقوق الإنسان، نفس المصدر.

(3) - د. عبدالرحمن رحيم: الترابط العضوي مابين حقوق الإنسان والديمقراطية ، بحث نشر في مجلة كاروان الأكاديمي الصادرة من قبل وزارة الثقافة - اربيل، السنة الأولى العدد/2 الجلد الأول ربيع 1977، ص118.

الإنسان على حريته وحقوقه، عندما يكون جنينا في بطن أمه ولحين اليوم الذي يولد فيه ويموت، لذا يعتبر مرتبطا بها[1].

لذا فأن مؤيدي المذهب الفردي، يستندون إلى وثيقة الحقوق التي أصدرتها الولايات المتحدة الأمريكية بعد استقلالها في مؤتمر (فيلادلفيا) عام 1776 وإعلان حقوق الإنسان والمواطن الذي اعتمدته الثورة الفرنسية عام 1789 وكذلك الإعلان العالمي لحقوق الإنسان الذي أصدرته الأمم المتحدة عام 1948، وهذه الحقوق والحريات المرتبطة بالإنسان، وكما نعلم، تستند إلى نظرية الحقوق الطبيعية والقانون الطبيعي، كحرية الفكر والعقيدة والدين وحرية التعبير ....الخ[2]،ولا يحق لأي شخص أو أي جماعة أو دولة منع هذه الحقوق والحريات الأساسية، كما جاء في نص المادة/30 من الإعلان العالمي لحقوق الإنسان بأنه: (لا يجوز تفسير أي نص من هذا الإعلان بأنه يسمح للدولة أو الجماعة أو الأفراد أن يحق لهم إبداء أي نشاط أو عمل يؤدي إلى خرق هذه الحقوق والحريات الواردة في هذا الإعلان)[3].

2-2 نشأة حقوق الإنسان

إن الكلام عن نشأة حقوق الإنسان الطبيعية يقتضي البحث عن نظرية القانون الطبيعي لوجود تاريخ واحد لهما كما سنرى، وبهذا الصدد يرى أرسطو ان الإنسان كائن اجتماعي بطبعه، فهو لا يستطيع أن يعيش منعزلا عن الناس، بل لابد إن يعيش مع غيره في مجتمع سياسي منظم. فإذا وجد شخص، يعيش بحكم طبيعته لا بحكم المصادفة، خارج المجتمع، لكان شخصا كريها، ولكان هذا الشخص بغير مأوى، بغير أسرة، بغير قانون. ومثل هذا الشخص لا يفكر إلا في الحرب، ولا يتقيد بأي قيد، ويكون كالطائر المفترس مستعد دائما للانقضاض على الآخرين[4].

---

(1) - كمال سعدي: فكرة الحق، مطبعة كريستال، ط/2، 1998، ص.

(2)- د. ابو اليزيد علي المتيت: حقوق الإنسان الأساسية والديمقراطية- النظم السياسية والحريات العامة، ط/2، مؤسسة شباب الجامعية، 1982، ص157.

(3) - الإعلان العالمي لحقوق الإنسان، ئةنيستيتؤى كورد في الباريس، سنة 1992.

(4) - د. سمير عبد السيد تناغو: النظرية العامة للقانون، منشورات منشأة المعارف بالإسكندرية، 1986، ص130-131.

وإذا ما كان الفرد موجودا من الناحية التاريخية قبل وجـود الدولـة، فـأن الطبيعـة قـد تصورت وجود الأخيرة قبل أن تتصور وجود الفرد. فالدولـة هـي أول شيء اقترحتـه الطبيعـة، فالكل بالضرورة يسبق الجزء، وما الأسرة والأفراد إلا الأجزاء المكونة للدولة.

ويتميز المجتمع السياسي عن غيره بخضوعه للقانون والعدل، فأن، احـترام القـانون هـو أساس الحياة المدنية[1].

وهكذا، فـإن إرادة الأفـراد تخـضع لأحكـام القـانون، وبالتـالي فـان الفـرد يفقـد حريتـه المطلقة في إن يفعل ما يشاء، بل ينبغي أن تكون أفعالـه منـسجمة مـع القـانون. أمـا القـول بحرية الفرد في أن يفعل ما يشاء، فهو نوع مـن السفـسطائية البائـسة[2].والتـضحية بـالإرادة المطلقة للفرد تكون من اجل قيمة اسمى منها، وهي العدل و الفضيلة أو القـانون الطبيعـي، وهذا يعبر عما ينبغي إن تقوم على أساسه الدولة من اجل تحقيق وجودهـا الحقيقـي، وهـو الوجـود الـذي لا غنـى عنـه مـن اجـل وجـود الأفـراد أنفـسهم وتحقيـق الـسعادة لكـل منهم[3].ويؤكد أرسطو على ضرورة تربية الشعب على عبء النظام القائم في الدولة، هـو انـه لا أهمية لنوع هذا النظام أو شكله، فطالما هو نظام غير ظـالم بـصفة مطلقـة وغـير مخـالف للطبيعة فأنه يكون واجب الاحترام، وتكون القوانين الصادرة عنه واجبة الطاعة وان كان فيـه عيوب بسيطة لاتصل به إلى درجة الطغيان[4].غير إن القول، بان القانون الوضعي هـو العـدل لا يعني واجب خضوع الأفراد للقانون الوضعي فقـط. بـل انـه يتـضمن أمـرا للمـشرعين بـأن يستوحوا أحكام قوانينهم من مبادئ العدل.، لأنه مثلما يخضع الفـرد للقـانون، فـان القـانون نفسه يجب أن يعبر عن العدل لأنه يصدر عن إرادة إنسانية[5].

---

(1) - د. سمير عبد السيد تناغو: النظرية العامة للقانون، المصدر السابق، ص130-131.
(2) - د. سمير عبد السيد تناغو: النظرية العامة للقانون، المصدر السابق، ص134.
(3) - د. سمير عبد السيد تناغو: النظرية العامة للقانون، ص134.
(4) - د. سمير عبد السيد تناغو: النظرية العامة للقانون، ص136.
(5) - د. عبدالرحمن رحيم: الترابط العضوي مـابين حقـوق الإنـسان والديمقراطيـة ، بحـث نـشر في مجلـة كـاروان الاكاديمي الصادرة من قبل وزارة الثقافة - اربيل، السنة الأولى العدد/2 الجلد الأول ربيع 1977،ص110.

فالقانون الطبيعي هو العدل في ذاته وهو لا يتغير. أما القانون الوضعي فهو الذي يتغير من زمن لآخر ومن مجتمع لآخر. لذا فإن التغيير لا يمتد إلى القانون الطبيعي ذاته، بل انه يقتصر على وسيلة التعبير عنه وهو القانون الوضعي، الذي يفترض انه يعبر بصورة ما عن القانون الطبيعي[1].

3-2 التطور الفكري لحقوق الإنسان

قلنا سابقا، إن حقوق الإنسان جزء من الحقوق الطبيعية والتي هي حقوق لصيقة بشخصية الإنسان ولا يمكن أن يتنازل عنها. وقلنا إن الحقوق الطبيعية والتي تعتبر مصدرا لحقوق الإنسان، تستند في وجودها إلى القانون الطبيعي، والقانون الطبيعي وان كان تمثل قيما عليا ثابتة وخالدة، ولكنه رغم ذلك فليس له مضمون ثابت، بل انه يتغير وفقا لتصورات الإنسان ومصالحه بحسب الظروف الاجتماعية والاقتصادية والسياسية التي يعيش فيها[2].

وإذا، أن حقوق الإنسان جزء من الحقوق الطبيعية والتي تأخذ من القانون الطبيعي مصدرا لها والقانون الطبيعي هو المثل الأعلى الذي يراد تحقيقه، فباسمه يراد إدانة النظام الموجود وإقامة نظام آخر بدلا منه[3].

وهكذا استخدمت الكنيسة الكاثوليكية القانون الطبيعي كوسيلة للحد من سلطان الدولة التي نشأت بعد فترة الإقطاع في أوربا، وهو نفسه الذي استخدمته الكنيسة لتقوية سلطانه[4].

وأيضاً أن فقهاء وفلاسفة القرن الثامن عشر لجأوا إلى القانون الطبيعي لتحديد الحقوق والحريات العامة وإدانة الحكم المطلق وكيفية تفسير نشؤ الدولة، وبناء عليه فأنهم أعلنوا بإن الشعب هو مصدر السلطات، لذلك فإن ممارسة السلطة داخل الدولة

---

(1) - د. عبدالرحمن رحيم: الترابط العضوي مابين حقوق الإنسان والديمقراطية ، المصدر السابق،ص111.

(2) - د. عبدالرحمن رحيم: فلسفة القانون، ط/1، مطبعة جامعة صلاح الدين/ اربيل، 2000، ص61.

(3) - د.منذر الشاوي: مذاهب القانون، منشورات بيت الحكمة، بغداد، 1991, ص65.

(4) - د.منذر الشاوي: مذاهب القانون، المصدر السابق، ص69.

يجب أن تكون مقيدة بالدستور وكما نبحث في الفقرات اللاحقة من خلال دراسة العقد الاجتماعي في فكر هوبز ولوك وروسو.

وهكذا، كانت نظرية العقد الاجتماعي مصدرا لمضمون عدد من الوثائق الخاصة بحقوق الإنسان، كالوثيقة الأمريكية لعام 1776 والوثيقة الفرنسية لعام 1789 واعتبرت فيما بعد جزءا من الدساتير الفرنسية لعام 1791 و 1946 و1958. وكذلك أصبح مصدرا للإعلان العالمي لحقوق الإنسان والذي أعلن من قبل الجمعية العامة للأمم المتحدة عام 1948.

وهكذا، و بعد الثورة الأمريكية مباشرة وقعت الثورة الفرنسية، ثم وقعت خلال القرن التاسع عشر والقرن العشرين العديد من الثورات في قارة أوروبا وأمريكا الجنوبية مؤكدة مفهوم السيادة للشعب. ومن ناحية أخرى فأن تنامي الحركة الاشتراكية خلال القرن التاسع عشر أدى إلى توسع مفهوم حقوق الإنسان والى ان يأخذ المفهوم وجهة جديدة، فبينما كانت مفاهيم حقوق الإنسان بشكلها الأولي تؤكد على ضرورة ان يكون الفرد حرا من تدخل الدولة في شؤونه المدنية والسياسية، أصبحت صياغات جديدة لمفاهيم حقوق الإنسان وكنتيجة لانتشار الأفكار الاشتراكية تؤكد على ضرورة تدخل الدولة لتحقيق قدر من العدل الاقتصادي وضمان حقوق الفرد الاقتصادية[1].

فرغم انه يوجد الآن اتفاق واسع على مبادئ حقوق الإنسان وعلى المستويين الوطني والعالمي، إلا أن ذلك لا يعني إن هنالك اتفاقا بنفس الدرجة بشأن طبيعة حقوق الإنسان وفحواها ومداها، بتعبير أدق ليس هنالك اتفاق بشأن تعريف حقوق الإنسان، حيث لازالت هنالك بعض الأسئلة الأساسية لم تتم الإجابة عليها لحد الآن. لذلك فسواء كانت حقوق الإنسان ينظر إليها على إنها مصدرها رباني، أخلاقي، أو وضعي، وسواء أن التبرير لحقوق الإنسان الفطرية، العادة، نظرية العقد الاجتماعي أو مبدأ توزيع وإدارة العدل كشرط ضروري لتحقيق السعادة، وسواء اعتبرت حقوق الإنسان على انه لا يمكن التنازل عنها، أو يمكن ذلك جزئيا، وسواء قبلت حقوق

([1]) - مجلة الحقوقي: تصدرها جمعية الحقوقيين العراقيين، العدد/1 كانون الأول 2000، ص79.

الإنسان بشكلها الواسع عددا ومحتوى أو بشكلها المحدود عددا ومحتوى، فإن هذه الأمور وأمور مماثلة تتعلق بحقوق الإنسان تشكل نقاشا ساريا حاليا وسيبقى كذلك، طالما كانت هنالك وجهات نظر متباينة فيما يتعلق بموضوع معياري أو اعتباري كموضوع حقوق الإنسان[1].

إن رسالة حقوق الإنسان هي في انتشار مستمر، بفضل الجهود الجادة للعدد الكبير من المنظمات غير الحكومية المعنية بحقوق الإنسان، إذ تقوم المنظمات غير الحكومية بمراقبة وتسجيل ونشر كل ما يتعلق بحقوق الإنسان وفي معظم بقاع العالم.

1-3-2 حقوق الإنسان في العراق القديم

إن العراق القديم يمثل أولى الحضارات التي عرف الإنسان فيها قيمة الحياة والعيش سوية، وهذا الأمر دفعه إلى نبذ العنف والبحث عن السعادة عن طريق التعاون مع بعضها البعض، لمواجهة مشقة الحياة.

فقد اكتشف علماء الآثار والتنقيب، وجود اثر لمجمعات في العراق القديم يدل على إسكان البشر فيها والتي تعود إلى فترة زمنية أكثر من مائة آلاف سنة، عاش سكانها على الصيد والزراعة وتربية الحيوانات واستقروا في الأرياف، وكانت هذه المجتمعات قائمة على أساس انصهار الفرد في الجماعة وكانت أمورها تدار بغير قانون وان الإنسان في هذا المجتمع أكثر رقيا والتزاما بما يسمى حقوق الإنسان، وذلك لان حقوق الإنسان لم يكن متصورا وجودها في المجتمع وفقا للمفهوم الذي تناولته القوانين في الوقت الحاضر. وتطورت حقوق الإنسان أكثر فأكثر عندما ظهرت المدن الكبيرة في العراق القديم، وذلك في القرن الرابع قبل الميلاد.

وبما ان الحماية القانونية ركن من أركان الحق، حيث لا يعتبر حقا إن لم تتوفر له الحماية القانونية وتمكين صاحبه من التمتع به. وهكذا فان الحق مرتبط

---

(1) - مجلة الحقوقي: تصدرها جمعية الحقوقيين العراقيين، المصدر السابق، ص79.

بالقانون ولا ينفصل عنه، فمتى وجد القانون يوجد الحق ومنه حقوق الإنسان. وهكذا توجد صلة قوية بين فكرة القانون وفكرة الحق، وفيما يتعلق بفكرة الحق وحقوق الإنسان في العراق القديم، لقد اثبت التأريخ إن القانون ظهر لأول مرة في العراق، في البداية كان على شكل قواعد عرفية، وبعدها أصبح على شكل قواعد قانونية. ومن أقدم القوانين المكتوبة التي عثر عليها علماء الآثار هو قانون اورنمو الذي أصدره الملك السومري اورنمو، وهو مؤسس لسلالة اور الثالثة (2111-2003 قبل الميلاد).

في عام 1952 الميلادي استطاع العالم المسماري صموئيل نوح كريمر أن يتعرف على لوح مسماري محفوظ في متحف الشرق القديم في اسطنبول يحتوي على أجزاء من القانون الذي أصدره الملك السومري اورنمو[1]. وقد اقر هذا القانون حقوق الإنسان. فقد جاء في مقدمة هذا القانون ان الهدف من تشريعه هو توطيد العدالة والحرية في البلاد وإزالة البغضاء والظلم والعداوة.

كما تضمن القانون نصوصا كثيرة من مبادئ حقوق الإنسان التي اقرها الإعلان العالمي لحقوق الإنسان كتحريم المساس بجسم الإنسان والذي نص عليه في المواد من (15) إلى (19)، ولكن هذه المواد، بعض من كلماتها تالفة ولم يبق منها شيء يذكر، حيث تنص المادة /15 على انه: (إذا رجل ب... قدم رجل آخر، عليه أن يدفع عشرة شيقلات من الفضة) كما تنص المادة/ 16 على أن: (إذا حطم رجل متعمدا طرف رجل آخر بهراوة، عليه أن يدفع منا واحدا من الفضة) وجاء في المادة/17 على أن: (إذا قطع رجل بسكين انف رجل آخر، عليه أن يدفع ثلثي المنا من الفضة) وجاء في المادة/ 18 على أن: (إذا قطع... بـ... لكل ...، عليه أن يدفع...شيقلا من الفضة) وجاء في المادة/19 على أن: (إذا كسر رجل سن رجل آخر، عليه أن يدفع شيقلين من الفضة لكل سن).

---

(1) - د. فوزي رشيد: الشرائع العراقية القديمة، منشورات دار الشؤون الثقافية العامة، بغداد، 1987، ص25.

ومن القوانين التي تضمنت حقوق الإنسان في العراق القديم، قانون لبت عشتار الذي أصدره الملك لبت عشتار خامس ملوك سلالة ايسن الذي حكم في فترة 1934 - 1924 قبل الميلاد وهو من القوانين التي تعود إلى بداية العهد البابلي القديم والتي يطلق عليها بعض العلماء فترة (ايسن - لارسا) وهو أقدم القوانين المدونة باللغة الاكدية المكتشفة حتى الآن[1]

.

يتألف هذا القانون من مقدمة مشابهة لقانون اورنمو وخاتمة ومواد قانونية أخرى. وقد استطاع العلماء قراءة ثمان وثلاثين مادة من موادها فقط. تضمنت المقدمة تمجيدا للإلهة السومرية العظام ولإله المدينة الرئيسي وكيفية اختيار الإلهة للملك (لبت عشتار) الراعي الحكيم لنشر العدل في البلاد والقضاء عن الشكاوى والقضاء على العداوة وجلب الرفاهية للسومريين والأكديين. ومن الحقوق التي أكدها قانون لبت عشتار هي حماية طبقة العبيد ومنع الإساءة إليهم واوجب إنصافهم ، ومنع تعذيب الإنسان للإنسان، وضمن حقوق الطفولة، ومنع المساس بجسم الحيوان. حيث تنص المادة /14 على انه: (إذا اشتكى عبد سيد على سيده بسوء معاملته وثبت على سيده إساءة عبوديته مرتين، فسوف يحرر العبد) كما جاء في الخاتمة إن: (لبت عشتار ابن الإله انليل قد قضيت إلى البغضاء والعنف وعملت إلى إبراز العدالة والصدق وجلب الخير للسومريين والاكديين...)[2].

ومن القوانين التي تضمنت حقوق الإنسان في العراق القديم، قانون اشنونا، حيث يتألف من مقدمة وخاتمة وستين مادة قانونية. كتبت المقدمة باللغة السومرية، بينما كتب المتن باللغة الاكدية السامية آنذاك. وقد نظر هذا القانون إلى حقوق الإنسان من الزاوية الاقتصادية، ورفع المعاناة الاقتصادية عن الإنسان، لذلك انتهج هذا القانون نهجا اشتراكيا لرفع المعاناة عن المواطنين. فقد حدد أسعار السلع والخدمات والمواد الأساسية والتي يحتاجها الإنسان لإدامة حياته وتصريف شؤونه اليومية، كسعر الحبوب والزيوت والصوف وملح الطعام، والنحاس واللحوم والنقل

---

(1) - د.عامر سليمان:القانون في العراق القديم،منشورات دار الشؤون الثقافية العامة،بغداد،1987،ص 91-99

(2) - د. عامر سليمان: القانون في العراق القديم، المصدر السابق، ص60-66.

البري والنقل المائي والمحافظة على حقوق الأسير إضافة إلى الحقوق التي وردت في القوانين السابقة[1].

أما قانون حامورابي الذي أصدره الملك حامورابي وهو أشهر ملوك العهد البابلي وسادس ملوك سلالة بابل الأولى (1792 – 1750) قبل الميلاد). فقد كتب هذا القانون على مسلة كبيرة من الحجر الأسود، طولها 225سم وقطرها من الأعلى 160سم ومن الأسفل 190سم ومن الوسط 60سم، وهي اسطوانية الشكل ولكنها ليست دائرية تماما. رتبت مواد قانون حامورابي في أربعة وأربعين حقلا، وكتبت باللغة البابلية، على غرار قانون لبت عشتار وبالخط المسماري. يحتوي الحجر على 282 مادة ماعدا المواد التالفة بسبب التخريب الحاصل في أحد أجزاء المسلة. وقد وجدت المسلة في مدينة سوسة عاصمة عيلام جنوب غربي إيران أثناء حفريات البعثة التنفيذية الفرنسية (1901 - 1902 م) وهذا القانون من أكثر القوانين اهتماما بحقوق الإنسان قبل الإنسان، وقد تضمنت حقوق الإنسان التي وردت في القوانين التي سبقته، وأضاف إليها حقوقا أخرى كثيرة. إذ أن حامورابي قد حذف مواد القوانين السابقة التي لا تتفق مع روح العصر الذي يعيش فيه، وأضاف مواد قانونية أخرى اقتضتها مصلحة المجتمع في حينه وبالأخص المواد القانونية الصارمة الخاصة بعقوبة الموت ومبدأ القصاص[2].

جدير بالذكر، إن قانون حامورابي يتألف من ثلاثة أجزاء رئيسية، المقدمة والمتن والخاتمة. وقد كتبت المقدمة بصورة مطولة على غرار مقدمتي قانون أورنمو ولبت عشتار، حيث أكد فيها على نشر الحق والعدل في البلاد لتحقيق الخير للناس، وهذا جزء من المقدمة: (آنذاك اسمياني (الالهان) انو وانليل بأسمي، حامورابي، الأمير التقي الذي يخشى إلهته، لاوطد العدل في البلاد، لأقضي على الخبيث والشر، لكي لا يستعبد القوي الضعيف، ولكي يعلو (العدل) كالشمس فوق ذوي الرؤوس السود، ولكي ينير البلاد من اجل خير البشر)[3]. أما المتن، فيتضمن ما يقارب (182) مادة قانونية،

---

(1) - د. سهيل حسين الفتلاوي: حقوق الإنسان في حضارة وادي الرافدين، منشور في جريدة (الجمهورية) العدد () في 2001/9/11ص3.

(2) - د. فوزي رشيد: الشرائع العراقية القديمة، المصدر السابق، ص106-107.

(3) - د. فوزي رشيد: الشرائع العراقية القديمة، المصدر السابق، ص113.

كل مجموعة من المواد تتعلق بموضوع معين، وهي التقاضي (الاتهام الكاذب، شهادة الزور، تلاعب القضاة) والأموال (الجرائم التي تقع على الأموال، الأراضي والعقارات، التجارة والعلاقات التجارية) والأشخاص (الأحوال الشخصية، إيذاء الأشخاص) وأجور الأموال والأشخاص (مسؤوليات أصحاب المهن وأجورهم، أجور الأشخاص والحيوانات ومسؤولية أضرارهم) وبيع العبيد. وفي الخاتمة أشار حامورابي إلى القوانين العادلة التي وضعها ثم أشار إلى صفاته الرفيعة ومؤهلاته وقابلياته الفذة التي منحته إياها الإلهة المختلفة ثم يذكر بعد ذلك انه في سبيل أن لا يظلم القوي الضعيف، ولمنح العدالة لليتيم والأرملة في بابل، وهذا جزء منها: (لقد كتبت كلماتي النفيسة على مسلتي وثبتها أمام تمثالي ملك العدالة، في بابل المدينة التي رفع رأسها الإلهان انو وانليل عاليا، وفي ايساكيلا المعبد الذي أسسه ثابتة كالسماء والأرض، لأفضي البلاد بالعدالة ولا وطد النظام في البلاد، ولكي امنح العدالة للمظلوم)[1].

في الختام، ما نود ذكره، هو إن قانون حامورابي قد حدد مسؤولية حاكم المدينة على الأمن والاستقرار وحماية أموال المواطنين، فإذا سرقت أموال شخص فإن على حاكم المدينة تعويضه عن الأموال التي سرقت منه. وإذا فقد شخص من المدينة فعلى أهالي المدينة وحاكمها تعويض أهله. وأكد أيضا على الرعاية الصحية للمواطنين وحمل الطبيب المسؤولية عن الأخطاء التي يحدثها للمريض. وان ابرز ما اهتم به قانون حامورابي هو إقامة نظام قضائي متطور من اجل أن يكون ملجأ يلجأ إليه الإنسان لحماية حقوقه.، وليصبح القضاء الرقيب على حماية حقوق الإنسان ومنع الاعتداء عليها[2].

2-3-2 حقوق الإنسان عند اليونان

نشأة فكرة القانون الطبيعي عند اليونان معاصرة لنشأة الفلسفة ذاتها. ومرت بعدة مراحل تبعا لتطور الفلسفة ذاتها.

كانت هذه الفكرة عند رواد الفلسفة الإغريقية الأوائل مجرد تأمل فلسفي لمظاهر الحياة الاجتماعية ومحاولة للكشف عن طبيعتها. لقد لفت نظرهم وجود

---

(1) - د. فوزي رشيد: الشرائع العراقية القديمة، المصدر السابق، ص169.

(2) - د. سهيل حسين الفتلاوي: حقوق الإنسان في حضارة وادي الرافدين، المصدر السابق، ص3). .

قاعدة مطردة ونظام ثابت تسير عليه أمور الدنيا ويخضع لحكمه جميع ما يوجد فيها من حيوان ونبات وجماد.

ويقول الفيلسوف اليوناني هرقليطس بهذا الصدد: (أن قانون العالم ليس من وضع الإلهة أو البشر، وإنما وجد هكذا دائما وأبدا).

وفي مرحلة السوفسطائيين، لقد كان المحور الذي دارت حوله فلسفة حقوق الإنسان عند الرومان السوفسطائيون جميعا هو مقولة السوفسطائي المشهور بروتوجوراس : (الإنسان مقياس لكل شيء) أي فما يظهر للشخص انه حقيقة يكون هو الحقيقة وليس هناك خطأ[1].

وقد طبق السوفسطائيين هذه الفكرة على السياسة والأخلاق والقانون فقالوا إذا لم يكن هناك حق في الخارج، وكان ما يظهر للشخص انه حق فهو حق بالنسبة إليه وحده، ولا وجود لقانون خارجي أخلاقي عام يخضع له الناس جميعا وإنما يرجع الحكم إلى إحساس الشخص نفسه[2].

جدير بالذكر، إن سقراط بخلاف السوفسطائيين، ذهب إلى أن الحواس ومدركاتها إذا كانت تختلف باختلاف الأشخاص فإن العقل واحد لدى الجميع وهو عام مشترك لدى الجميع. ولما كان العقل عاما فإن الناس جميعا يرون الحقائق بمنظار واحد، هو منظار العقل الذي لا يختلف إدراكه في شخص عن شخص آخر[3]. ويتبين من أفكار سقراط أن القانون الطبيعي يستند إلى الأساس العقلي الفلسفي.

ويلاحظ، إن القانون الطبيعي هو المثل الأعلى الذي يبحث عنه العقل للاستهداء به، ويقوم هذا المثل على المفاضلة بين المواطنين تبعا لحالاتهم وقابليتهم وان مهمة

(1) - د. محمد شريف: فكرة القانون الطبيعي عند المسلمين، منشورات وزارة الثقافة والإعلام، ط/1، دار الحرية للطباعة، بغداد، ص103-104.

(2) - د. محمد شريف: فكرة القانون الطبيعي عند المسلمين، المصدر السابق، ص104-105

(3) - د. محمد شريف: فكرة القانون الطبيعي عند المسلمين، المصدر نفسه، ص105.

الحكام هي ملاحظة وضمان ان يعمل كل شخص واجبه في موقعه من الحياة، وذلك الموقع الذي تقتضيه قابليته[1].

أما ارسطو فهو يرى ان العالم وحدة كلية تؤلف مجموع الطبيعة وان الإنسان يملك صفة مزدوجة. فهو جزء من الطبيعة وهو منح العقل، ولما كان جزءا من الطبيعة فأنه يخضع لها. ولما كان قد منح العقل فأنه يبدو مخلوقا متميزا يملك الروح والإرادة اللتين تمكنانه من التمييز بين الحسن والقبيح بحرية[2].

اما الرواقيون، فأسسوا أفكارهم حول فكرة القانون الطبيعي على مبدأ ارسطو القائل (بأن الإنسان جزء من الطبيعة) وانه منح العقل الذي يميزه عن أجزاء الطبيعة الأخرى. ورأوا ان الطبيعة ليست نظاما للأشياء وحدها بل عقل الإنسان ايضا. ولما كان الإنسان جزءا من الطبيعة فيكون محكوما بالعقل ولما كان كائنا اجتماعيا ومدنيا فأنه يجب ان يعيش طبقا للعقل أي يعيش طبيعيا. وهذا يعني ان الإنسان يجب ان يعيش على وفاق مع الطبيعة وذلك بأن يكون الفرد مواطنا في جمهورية عالمية تشد الافراد الى بعضهم روابط الاخوة. رأوا انه في العصر الذهبي للقانون الطبيعي المطلق لا تكون هناك عائلة او رقيق او ملكية او حكومة الا ان هذه المؤسسات الاجتماعية تصبح ضرورية مع الفساد الاجتماعي للجنس البشري[3].

3-3-2 حقوق الإنسان عند الرومان

ان الفقيه الروماني المشهور شيشرون نقل فكرة الحقوق الطبيعية والقانون الطبيعي في تعاليم الرواقيين من عالم الفلسفة الى ميدان القانون. انه عبر صراحة عن ايمانه بوجود قانون طبيعي بقوله: (ان هناك قانونا حقيقيا هو العقل القويم المطابق للحقيقة، موجود فينا، وذو أساس الهي، ولا يمكن اقتراح إلغاء هذا القانون او إبطاله. فهو ليس غيره في روما او اثينا وليس هو غيره اليوم او غدا لكنه قانون واحد

---

(1) - محمد شريف: فكرة القانون الطبيعي عند المسلمين، نفس المصدر، ص106-107 .

(2) - محمد شريف: فكرة القانون الطبيعي عند المسلمين، نفس المصدر، ص08

(3) - محمد شريف: فكرة القانون الطبيعي عند المسلمين، المصدر السابق، ص110.

خالد وثابت لكل الشعوب ولكل الأزمان. فهو كالإله واحد وعالمي وسيد كل الأشياء وقائدها. ان الله هو صانع هذا القانون وهو الذي قدره وأعلنه)[1].

جدير بالذكر، ان فكرة القانون الطبيعي قد تسربت الى الرومان بفعل عاملين. أولهما، تأثرهم بالتراث الفكري اليوناني بصورة عامة فلسفة الرواقيين بصورة خاصة، وكما لاحظنا ذلك في آراء شيشرون وغيره من فقهاء وفلاسفة الرومان. وثانيهما، هو حاجتهم الى مصدر آخر للقانون ليستمدوا منه أحكاما لغرض تطبيقها على العلاقات الاجتماعية القائمة بين أفراد الشعوب الخاضعة لسيطرتهم من جهة وعلى علاقاتهم بالأجانب من جهة أخرى[2].

ويتضح من ذلك، ان فقهاء الرومان امنوا بوجود قانون طبيعي يتصف بالعمومية من حيث انه لا يخص شعبا دون آخر ويستمد أحكامه من الطبيعة ذاتها.

4-3-2 حقوق الإنسان في القرون الوسطى

سادت المرحلة اليونانية نحو ألف سنة وانتهت بنهاية القرن الخامس الميلادي، وفي نهاية هذه المرحلة كان صوت المسيحية قد دوى في أرجاء أوربا فبدأ الفكر الإنساني شوطا جديدا امتد نحو ألف سنة أخرى كانت للفلسفة خلال هذه المرحلة وظيفة تتمثل في ان تؤيد بالدليل العقلي ما سلمت به النفوس بالإيمان تسليما لا يقبل الشك، فأصبحت الفلسفة تابعة للعقيدة والعقل عنوانا لها. ولقد انحصر الفكر الفلسفي بيد رجال الدين الكنسيين، اللذين يتميزون بالعلم والمعرفة وعظم سلطان الكنيسة، حيث طغت الكنيسة على سلطة الدولة لأنها كانت القوة الوحيدة التي تمكنت من مقاومة غزوات أمم الشمال المتبربرة التي قوضت الإمبراطورية الرومانية، كما استطاعت ان تحافظ على الحركة الفكرية التي أوشكت على الضياع[3]. وتقع فلسفة القرون الوسطى في عهدين، عهد اباء الكنيسة، والعهد المدرسي.

(1) - محمد شريف: فكرة القانون الطبيعي عند المسلمين، المصدر نفسه، ص112.
(2) - محمد شريف: فكرة القانون الطبيعي عند المسلمين، المصدر نفسه، ص112.
(3) - د. حسن علي ذنون: فلسفة القانون، ط/1، مطبعة العاني، بغداد، 1975، ص42.

برزت في ذلك القرن اسماء كثيرة من اباء الكنيسة والمفكرين أمثال اوغسطين وساليري واوكام وبيكون وتوما الاكويني وغيرهم، ولكننا سنقصر الكلام على مفكرين مشهورين منهم وهما أوريليوس اوغسطين وهو من ابرز فلاسفة عهد اباء الكنيسة، وتوما الاكويني وهو من اعظم فلاسفة العهد المدرسي. حيث ارصد اوغسطين معظم حياته لنشر المسيحية والدفاع عنها وألف كتابه الشهير (مدينة الله The City of God) رد فيه حجج الوثنيين الذين حملوا المسيحية نتائج سقوط الإمبراطورية الرومانية. حيث انه خلط بين الدين والدولة، وقال يجب ان تكون الدولة مسيحية، أي ان تكون دولة وكنيسة في وقت واحد مادام الشكل النهائي للتنظيمات الاجتماعية دينيا.

واهم ما جاء به اوغسطين من أفكار جديدة، هو تصويره لفكرة مجموعة الأمم المسيحية وقد تصورها على انها ذروة تطور الإنسان من الناحية الخلقية والروحية، وسبب ذلك يعود إلى إيمانه بعجز الدولة عن إقامة العدالة ما لم تكن مسيحية، والادعاء بأن الدولة قادرة على ان تعطي كل ذي حق حقه غلط، إذا كانت الدولة نفسها لا تعطي الله حقه في العبادة[1].

ويتضح لنا من ذلك، تطور سياسة الكنيسة، فبعد ان كانت في العهد الأول تفصل بين الدين والدولة فصلا تاما وتمنح كلا من السلطتين الدينية والدولة، سلطة مستقلة حسب المقولة المشهورة (اعط ما لقيصر لقيصر، وما لله لله) وهكذا خضعت سلطة الدولة للسلطة الدينية في هذه الفترة، فلا طاعة للقانون الوضعي إذا كان يخالف القانون الإلهي، الذي نقشه على قلوب الناس، والإنسان يجده ويدركه بواسطة عقله وهو يعلو على القانون الوضعي.

اما ما يخص أفكار القديس توما الاكويني حول الإنسان وحقوقه، فهو يرى، ان الإنسان كائن اجتماعي بطبيعته، لأنه يحتاج الى أشياء كثيرة ضرورية لحفظ حياته يعجز وحده من توفيرها، ولهذا فأنه يحتاج الى تعاون الآخرين، لان الحياة في المجتمع

(1) - د. حسن علي ذنون: فلسفة القانون، المصدر السابق، ص43-44.

تمكن الفرد من حياة طيبة كريمة بفضل الفرص التي تتاح له عن طريق التضامن الاجتماعي[1].

والمجتمع عند الاكويني جسد أعضائه هو تتمثل في الأفراد، وكما ان لكل عضو من أعضاء الجسد وظيفة، فأن لكل فرد وظيفة في هذا المجتمع. وقسم المجتمع الى ثلاث طبقات وهم رجال الدين والأسياد والعوام، ويرى ان الفلسفة والدين ليسا نقيضين بل أنهما خطوتان تكمل أحداهما الأخرى في تحصيل المعرفة.

ويقول بهذا الصدد (لقد استقى الإنسان علمه عن العالم من مصدرين هما العقل والوحي. اما إنتاج العقل فقد بلغ الذروة في مؤلفات ارسطو، ثم جاء الكتاب المقدس بوحي من الله عن الموضوعات التي استقصت على عقول الناس، فحسب الإنسان ان يقرأ ما كتبه ارسطو وما هو مسطور في الكتب المقدسة ليعلم كل ما هو جدير بالمعرفة)[2].

وفي مجال نظرية الدولة، يرى الاكويني ان الدولة نتيجة ضرورية لإشباع الحاجات البشرية النابعة عن طبيعة الإنسان الاجتماعية، ولهذا فأن مهمة الدولة هي تأمين الأمن والسكينة وتحقيق المصلحة العامة، وهو يعتبر الدولة في منزلة أدنى من منزلة الكنيسة وترتب على هذا انه يجب على الدولة ان تقدم العون والمساعدة للكنيسة وان تكون في خدمتها لتحقيق أهدافها العليا، وكل دولة تعارض الكنيسة وتناهض قراراتها، دولة غير شرعية يملك البابا حق إقالتها وإعفاء الرعية من الخضوع لأوامرها وسلطتها[3].

وفي نطاق القانون، فأنه يميز بين أنواع ثلاثة من العقول تنبثق منها ثلاثة أنواع من القوانين، فهناك العقل المطلق وهو العقل الإلهي الذي يحكم العالم من خلال القانون الأزلي الخالد الأبدي، والعقل التأملي وهو عقل الإنسان حينما يتأمل فيستطيع أن يصل إلى قدر من القانون الإلهي، هذا القدر يسميه الاكويني القانون

(1) - د. حسن علي ذنون: فلسفة القانون، المصدر نفسه، ،ص44-45.
(2) - د. حسن علي ذنون: فلسفة القانون، المصدر السابق، ،ص45.
(3) - د. حسن علي ذنون: فلسفة القانون، المصدر السابق، ،ص46.

الطبيعي، ويأتي بعدهما العقل العملي، ومهمته تشريع القوانين الوضعية طبقا للقانون الطبيعي، أي وفقا لهذا القدر القابل للمعرفة من القانون الإلهي[1].

وفي حالة مخالفة القانون الوضعي لقواعد القانون الطبيعي تكون الطاعة للقانون الوضعي واجبة حتى لو كان هذا القانون ظالما، أما إذا خالف القانون الإلهي فأنه لا يكون واجب الطاعة، فلا طاعة للقانون الوضعي إذا خالف القانون الإلهي.

5-3-2 حقوق الإنسان في الإسلام

إن الإسلام قد اقر الحق ومن خلاله حقوق الإنسان وقيده بقيود عديدة لمنع الفرد من سوء استعماله والتعسف فيه بهدف تحقيق المصالح العليا للمجتمع وسد الطريق أمام المتعسف ومنعه من إلحاق الضرر بالآخرين، لان تحقيق مصالح الإنسان فردا وجماعة من أهم وابرز مقاصد الشريعة الإسلامية، لذا فأن من الطبيعي إقرار الشريعة الإسلامية لفكرة الحق، غير إنها تقيد الحق بقيود عديدة بغية الحفاظ على التوازن بين مصلحة الفرد وبين مصلحة الجماعة[2] ومن هنا ظهر الحق في الشريعة الإسلامية بمظهر خاص وهو وقوعه موقع الوسط بين المذهبين الفردي والجماعي، وبعبارة أخرى ان فكرة الحق في الشريعة الإسلامية ذات نزعة وسطية بين النزعة الفردية والنزعة الاجتماعية. ومن أهم الحقوق التي أقرتها الشريعة الإسلامية الحق في المساواة أمام القانون في مختلف مجالات الحياة الاجتماعية (كقول الرسول (ﷺ): الناس سواسية كأسنان المشط) وقوله (ﷺ): كلكم من ادم وادم من تراب)، والحق في حرية التعبير والعقيدة (كقول الرسول (ﷺ): دعوه فأن لصاحب الحق مقالا)[3] ، وحق التعليم والتعلم(كقول الرسول: اطلب العلم ولو بالصين) وقوله (ﷺ): اطلب العلم من المهد إلى اللحد)، والحق في إشغال الوظائف العامة والإسهام في شؤون إدارة

---

(1) - د. عبدالرحمن رحيم عبدالله: محاضرات في فلسفة القانون،ط/1، مطبعة جامعة صلاح الدين - اربيل، 2000، ص38.

(2) - كقوله تعالى في سورة الأعراف الآية/181: [**وَمِمَّنْ خَلَقْنَا أُمَّةٌ يَهْدُونَ بِالْحَقِّ وَبِهِ يَعْدِلُونَ**].

(3) - نقلا عن ملا حسين شيخ سعدي - برشنطى رؤذى كوردةوارى لة شةرحى بوخارى - ج/1 إعداد المحامي بشير حسين سعدى، مطبعة جامعة صلاح الدين، 1994، ص78، و قوله تعالى في سورة البقرة الآية/256: [لَا إِكْرَاهَ فِي الدِّينِ].

الحكم وقوله (ﷺ): (من ولى رجلا من أمور المسلمين شيئا، وهو يعلم ان فيهم من هو أولى منه فقد خان الله ورسوله وجماعة المؤمنين)، وحق الشفعة(كقول الرسول (ﷺ): الجار أحق بسبقه)[1].

وبما إن الله سبحانه وتعالى هو مالك كل شيء كقوله تعالى في سورة ياسين الآية/83: ﴿**فَسُبْحَانَ الَّذِي بِيَدِهِ مَلَكُوتُ كُلِّ شَيْءٍ وَإِلَيْهِ تُرْجَعُونَ**﴾ فإن منشئ الحق ومانحه هو الله سبحانه وتعالى ولكنه ائتمن الإنسان عليه وجعله خليفة في الأرض كقوله تعالى في سورة النمل الآية/63: ﴿**وَيَجْعَلُكُمْ خُلَفَاءَ الْأَرْضِ**﴾ وكقوله تعالى في سورة الحديد الآية/7: ﴿**وَأَنْفِقُوا مِمَّا جَعَلَكُمْ مُسْتَخْلَفِينَ فِيهِ**﴾ . وهكذا فأن الحق في الاسلام منحة مشروطة لتحقيق المصلحة التي من اجلها شرع ومبعثها اعتراف الشرع بها وليس صفة طبيعية كما يقرها المذهب الفردي[2]، وبالتالي فليس هناك حق ذاتي مطلق، ولا حق مع تجاوز الفضيلة، لان الفضيلة قيد يقيد الحقوق، ويوقف المشروعية عندما يغلب عليها الطابع الفردي والأناني[3].

وفيما يتعلق بمقارنة فكرة الحق في الفقه الإسلامي بالمذهبين الفردي والاشتراكي نرى ان الفقه الإسلامي اعتبر الحق صلاحية ممنوحة لشخص ما لتحقيق مصلحة معترف بها له بعكس المذهب الفردي الذي يرى بأن للإنسان طائفة من الحقوق بمجرد ولادته ويكتسبها من الطبيعة بوصفه إنساناً[4].

لا خلاف بين الفقه الإسلامي والمذهب الفردي في قدسية الحق وحق صاحبه في ممارسته للانتفاع به بمختلف الطرق المشروعة لتحقيق مصالحه الشخصية والاجتماعية. ولكن مدى السلطة التي يملكها صاحب الحق في الفقه الإسلامي ليس

---

(1) - نقلا عن ملا حسين شيخ سعدى: برشنطى رِؤذى كوردةوارى لة شةرحى بوخارى ، المصدر السابق، ص66.

(2)- الدكتور مصطفى الزلمي وآخرون:المدخل لدراسة الشريعة الإسلامية،ط/1،من منشورات وزارة التعليم العالي والبحث العلمي، العراق، 1980، ص478،والدكتور ملحم قربان:قضايا الفكر السياسي- الحقوق الطبيعية أو القانون الطبيعي،ط/1،المؤسسة الجامعية للدراسات والنشر والتوزيع،لبنان،1983، ص71

(3) - انظر الدكتور محمد فاروق نبهان: الفضيلة والحق ،ص ص16-18، مقال منشور في مجلة الفيصل تصدر عن دار الفيصل الثقافية بدولة السعودية، السنة الثالثة عشر، العدد/155، كانون الأول 1989، ص18.

(4) - انظر الدكتور محمد فاروق نبهان: الفضيلة والحق ،ص ص16-18، المصدر السابق، ص18.

مطلقا كما هو في المذهب الفردي، بل انها تخضع لقيود عديدة كقيد الفضيلة لتحقيق المصلحة العامة ولمنع التعسف في استعمالها وإلحاق الضرر بأطراف أخرى.

وفي ضوء هذه المقارنة البسيطة يمكننا ان نقول بأن نزعة الفقه الإسلامي نزعة وسطية بين النزعة الفردية والنزعة الاشتراكية.

ومن الجدير بالذكر، ان إقرار الإسلام لحقوق الإنسان، هو تكريم لبني ادم، لان هذه الحقوق ما هي إلا بعض سمات الكرامة الإلهية لبني ادم. وقد جاء التكريم الإلهي للإنسان بشكل مطلق ليشمل الكرامات كلها ومنها الحقوق والحريات الأساسية ما كانت مدنية او سياسية او اجتماعية او اقتصادية أو ثقافية[1].هذا ما نستنتجه من قوله تعالى في سورة الإسراء الاية/70: ﴿وَلَقَدْ كَرَّمْنَا بَنِي آدَمَ وَحَمَلْنَاهُمْ فِي الْبَرِّ وَالْبَحْرِ وَرَزَقْنَاهُمْ مِنْ الطَّيِّبَاتِ وَفَضَّلْنَاهُمْ عَلَى كَثِيرٍ مِمَّنْ خَلَقْنَا تَفْضِيلاً﴾ يعني، كرمناهم بالعلم والنطق واعتدال والخلق وغير ذلك ومنه طهارتهم بعد الموت وفضلناهم على البهائم والوحوش. وبهذا المعنى ولنفس الغرض، ان الله سبحانه وتعالى قد أكد في آيات كثيرة على مساواة الإنسان أمام القانون في مختلف مجالات الحياة الاجتماعية، وجعلها حقا أساسيا، ولذلك مرة أخرى أكد سبحانه وتعالى وحدة الجنس البشري في سورة النساء الآية/1:﴿يَاأَيُّهَا النَّاسُ اتَّقُوا رَبَّكُمْ الَّذِي خَلَقَكُمْ مِنْ نَفْسٍ وَاحِدَةٍ﴾ وكقول الرسول (ﷺ): (كلكم من ادم وادم من تراب).

ان هذه الآيات الكريمات لم تتوجه بالنداء إلى إنسان موصوف بدينه او بلونه او بقومه او بجنسه، بل توجهت الى جميع الناس بغض النظر عن هذه الأوصاف كما وتصف الناس بأنهم مخلوقون من نفس واحدة إشعارا بالوحدة البشرية التي تعني الرحم الواحد الذي يجمع بني ادم، وهذا يعني ان جميع الإنسان أصلهم واحد ولهذا كلهم متساوون في الحقوق والواجبات ويجب ان تتمتع كل شخص منهم بحقوقه وحرياته الأساسية والتي تسمى بحقوق الإنسان بدون تمييز بسبب الدين أو الجنس أو اللون .... الخ [2].

(1) - محمد شريف احمد: البصيرة الإسلامية، ط/1 ، منشورات دار البشير ، عمان ، أردن ،2000، ص116.

(2) - محمد شريف احمد: البصيرة الإسلامية، المصدر السابق، ص117.

وهكذا، فإن الله سبحانه وتعالى من خلال تكريمه لبني ادم، قد سخر له ما في الأرض جميعا، وأعطاه الحرية في تمتعه بها، ليستفيد منها في حياته اليومية كحق من حقوقه الاقتصادية والاجتماعية، كقوله تعالى في سورة البقرة الآية/29: ﴿هُوَ الَّذِي خَلَقَ لَكُمْ مَا فِي الْأَرْضِ جَمِيعًا ثُمَّ اسْتَوَى إِلَى السَّمَاءِ فَسَوَّاهُنَّ سَبْعَ سَمَاوَاتٍ وَهُوَ بِكُلِّ شَيْءٍ عَلِيمٌ﴾ وقوله تعالى في سورة البقرة الآية/267 : ﴿يَاأَيُّهَا الَّذِينَ آمَنُوا أَنفِقُوا مِنْ طَيِّبَاتِ مَا كَسَبْتُمْ وَمِمَّا أَخْرَجْنَا لَكُمْ مِنَ الْأَرْضِ﴾ وقوله تعالى في سورة الأعراف الآية/160 : ﴿كُلُوا مِنْ طَيِّبَاتِ مَا رَزَقْنَاكُمْ﴾ وقوله تعالى في سورة طه الآية/81 : ﴿كُلُوا مِنْ طَيِّبَاتِ مَا رَزَقْنَاكُمْ وَلَا تَطْغَوْا فِيهِ فَيَحِلَّ عَلَيْكُمْ غَضَبِي وَمَنْ يَحْلِلْ عَلَيْهِ غَضَبِي فَقَدْ هَوَى﴾.

كما وان تعدد الشعوب والأمم والقبائل لا يعني أفضلية شعب أو امة أو قبيلة على الآخرين، بل ان ذلك دليل على التضامن الاجتماعي والوحدة الإنسانية، ليكون الاختلاف في الوسط الاجتماعي دليل التعارف، كقوله تعالى في سورة الحجرات الآية/13: ﴿يَاأَيُّهَا النَّاسُ إِنَّا خَلَقْنَاكُمْ مِنْ ذَكَرٍ وَأُنْثَى وَجَعَلْنَاكُمْ شُعُوبًا وَقَبَائِلَ لِتَعَارَفُوا إِنَّ أَكْرَمَكُمْ عِنْدَ اللهِ أَتْقَاكُمْ﴾.

إن بعض الحقوق أهم من البعض الأخر، كحق الإنسان في الحياة، هو من أهم مقاصد الشريعة الإسلامية، هذا ما يتبين لنا من آيات كثيرة من القران الكريم، كقوله تعالى في سورة المائدة الآية/32: ﴿مَنْ قَتَلَ نَفْسًا بِغَيْرِ نَفْسٍ أَوْ فَسَادٍ فِي الْأَرْضِ فَكَأَنَّمَا قَتَلَ النَّاسَ جَمِيعًا وَمَنْ أَحْيَاهَا فَكَأَنَّمَا أَحْيَا النَّاسَ جَمِيعًا﴾، ولهذا، وضع عقابا شديدا لمن يقتل شخصا بغير حق، عليه فقد حذر من اقتراف جريمة إزهاق الروح بدون حق شرعي، كقوله تعالى في سورة النساء الآية/93: ﴿وَمَنْ يَقْتُلْ مُؤْمِنًا مُتَعَمِّدًا فَجَزَاؤُهُ جَهَنَّمُ خَالِدًا فِيهَا وَغَضِبَ اللهُ عَلَيْهِ وَلَعَنَهُ وَأَعَدَّ لَهُ عَذَابًا عَظِيمًا﴾.

كما اهتم الإسلام بحق المشاركة في الحكم، ولهذا الغرض، قد اقر مبدءا مهما إلا وهو (مبدأ الشورى) وكما جاء في قوله تعالى في سورة آل عمران الآية/159 : ﴿وَشَاوِرْهُمْ فِي الْأَمْرِ﴾. والشورى وسيلة للوصول إلى الرأي الأصوب لأنه رأي الجماعة. والجماعة هنا لا يقصد بها الأغلبية المطلقة، كما هو الحال في النظام

الديمقراطي الذي يعتمد على الأغلبية العددية وحدها، ولكن المقصود بالجماعة هنا الجماعة المؤهلة للاستشارة. ومن أهم ما ينبغي ان يتوافر في هؤلاء ان يكونوا ممن يتقون الله في القول والعمل ولا يخشون أحدا إلا إياه، ويعملون على تحقيق منهاجه في الأرض، وان يكونوا ممن لديهم العلم والخبرة الكافية، فيما يستشارون فيه، قال الله سبحانه وتعالى عن المسلمين في سورة الشورى الآية/38:﴿وَأَمْرُهُمْ شُورَى بَيْنَهُمْ﴾.

وفي التأريخ الإسلامي صور من استعمال الرسول (ﷺ) والمسلمين للشورى في اتخاذ القرارات، كما في حفر الخندق في غزوة الخندق، وفي معاملة أسرى البدر.

6-3-2 حقوق الإنسان لدى كروسيوس

بعد انهيار الكنيسة وقيام الملكيات المطلقة وإتباع تعاليم ميكافيلي اللاأخلاقية، أصبحت الحياة أكثر تعرضا للفوضى من أي وقت مضى، وأصبحت القوة الفيصل الحاسم في علاقات الدول فيما بينها، ولهذا آمن كروسيوس بأن رفاهية البشر تقتضي معالجة شاملة ومنسقة للقواعد التي تنظم العلاقات بين الدول عارضا آراءه بهذا الصدد في مؤلفه (قانون الحرب والسلم) الذي أصدره سنة 1625[1].

ذو فيما يتعلق بالقانون الطبيعي، فأنه يرى أن الطبيعة البشرية هي مصدر هذا القانون، التي تقتضي بأن يعيش الإنسان وفقا لغريزته الاجتماعية في المجتمع. الا ان العقل يمكن الإنسان من تحسين طبيعته، لذلك فأن كل ما يخالف العقل يخالف القانون الطبيعي في نفس الوقت، وكل ما يتمشى مع العقل، يتمشى مع القانون الطبيعي[2].وبتعبير آخر فإن القانون الطبيعي عند كروسيوس، كما عند توماس الاكويني، يعلو على القانون الوضعي، وان القانون الوضعي يستمد صحته من القانون الطبيعي. الا ان كروسيوس يميز بين القانون الطبيعي والقانون الوضعي، وهو يرى بأن القانون الوضعي يستمد وجوده من إرادة الحكام في حين ان القانون الطبيعي يستمد وجوده من سلطان العقل[3].

(1) - د. حسن علي ذنون: فلسفة القانون، المصدر السابق، ص53.

(2) - د.منذر الشاوي: مذاهب القانون، المصدر السابق، ص38.

(3) - د.منذر الشاوي: مذاهب القانون، المصدر السابق، ص39.

إلا أن مفهوم القانون الطبيعي عند كروسيوس يختلف عن مفهومه عند توماس الاكويني، فرغم ان كليهما ينطلق من العقل، الا انه عقل في خدمة الدين لدى الاكويني، في حين انه عقل في خدمة الإنسان وغريزته الاجتماعية لدى كروسيوس. وهذا يعني ان كروسيوس قد قطع الصلة بين القانون الطبيعي والدين[1].وبتعبير آخر فإن القانون الطبيعي ليس كذلك لان الله أراده، بل لأنه بالذات القانون الطبيعي[2].

ومما تقدم يتضح لنا، ان كروسيوس يؤيد وجود حقوق طبيعية لصيقة بالإنسان، وهي في وجودها تسبق وجود الدولة والقانون الوضعي، عليه فلا يجوز ان تتجاهلها القوانين الوضعية، لأنها حقوق طبيعية، ولهذا فأن مهمة القانون الوضعي هي ضمان التمتع بهذه الحقوق لكل الأفراد[3].

ويرى كروسيوس ان الحياة الإنسانية كلها تؤلف مجتمعا واحدا لذلك يجب الرجوع إلى القانون الطبيعي الذي يعلو على القانون الوضعي لأي شعب من الشعوب وهذا القانون الطبيعي يقوم على فكرة الحق والعدل وهو ملزم لجميع الشعوب على حد سواء[4].

وبناء على ذلك فأنه قد أقام العلاقات الناشئة بين الدول في حالة الحرب والسلم على أساس القانون الطبيعي، إذ جاء بفكرة القانون الدولي العام في معناه الحديث وبناه على اساس احترام الاتفاقيات والمعاهدات الدولية وتنظيم العلاقات بين الدول المتحاربة تنظيما قانونيا[5].

ويرى أن الدول قد تخوض الحروب بسبب مصالحها المتضاربة إلا إن عليها الا تنسى وجود قدر مشترك من الإنسانية حتى بين الأعداء، وهذا القدر المشترك من الإنسانية لا يتصور التخلي عنه حتى في العلاقات مع الأعداء. ومن هذا فقد لجأ كروسيوس إلى تبرير الحرب العادلة دون غيرها[6].

---

(1) - د.منذر الشاوي: مذاهب القانون، المصدر السابق، ص41.

(2) - د.منذر الشاوي: مذاهب القانون، المصدر السابق، ص42.

(3) -د. عبدالرحمن رحيم عبدالله: محاضرات في فلسفة القانون، المصدر السابق، ص46.

(4) - د. حسن علي ذنون: فلسفة القانون، المصدر السابق، ص53.

(5) - د. عبدالرحمن رحيم عبدالله: محاضرات في فلسفة القانون، المصدر السابق، ص42-45.

(6) - د. عبدالرحمن رحيم عبدالله: محاضرات في فلسفة القانون، المصدر السابق، ص45.

7-3-2 حقوق الإنسان عند مفكري مدرسة العقد الاجتماعي

إن فكرة القانون الطبيعي والحقوق الطبيعية قد عاصرتها في القرنين السابع عشر والثامن عشر فكرة أخرى هي فكرة العقد الاجتماعي.

صاحب هذه الفكرة هو أفلاطون، وهو يرى ان المجتمع السياسي ينشأ على أساس نوعين من العقود، النوع الأول خاص بالعقود بين الأفراد وهو الذي ينظم الحياة الخاصة للأفراد، والنوع الثاني خاص بالعقود المبرمة بين الحاكم والمحكومين[1].

وعن العقد الاجتماعي المبرم بين الحاكم والمحكومين، فبمقتضاه يتعهد الحكام بعدم فرض سلطتهم بأسلوب عنيف ويتعهد المحكومون بعدم تغيير نظام الحكم[2].

وبعد أفلاطون بقرون عديدة عادة هذه الفكرة للظهور مرة أخرى على يد الكتاب المناوئين للمذهب الإلهي الذي تجد فيه مؤسسات نظام الحكم الملكي المطلق شرعيتها. إن هذه الفكرة قد تبناها، الكتاب المناوئون للمذهب الإلهي، الذي تجد فيه مؤسسات النظام الملكي المطلق (نظام الحكم المطلق) شرعيتها.

وهكذا فان فكرة العقد الاجتماعي قد طرحت كرد فعل ضد مذهب الحق الإلهي السائد في القرن الثامن عشر[3].من هنا يمكن القول ان فكرة العقد الاجتماعي نشأت لتصدي الحكم المطلق، وذلك بإظهار القيمة التي يتمتع بها الفرد كطرف من العلاقة مع الحكام. فإذا كان الفرد غاية في ذاته وان المجتمع وجد ليساعد على تحقيق هذه الغاية، فقد قيل ان مثل هذا الفرد سيؤسس السلطة والمجتمع عن بواسطة إبرام العقد مع بقية الأفراد[4].وفق هذا المنطلق ان الدولة والمجتمع سيكونان مدينين بوجودهما لتعاقد الأفراد. ففكرة العقد الاجتماعي أخذت معنى آخر يؤكد على سلطة واختيار الأفراد في تحديد مصيرهم السياسي والمدني بإرادتهم المتعاقدة[5].

---

(1) - د. سمير عبد السيد تناغو: النظرية العامة للقانون، المصدر السابق، ص166-167.

(2) - د. سمير عبد السيد تناغو: النظرية العامة للقانون، المصدر السابق، ص167.

(3) - د. منذر الشاوي: الدولة الديموقراطية، ط/1، منشورات المجمع العلمي العراقي، مديرية دار الكتب للطباعة والنشر، بغداد، 1998، ص52.

(4) - د. منذر الشاوي: الدولة الديموقراطية، المصدر السابق، ص52.

(5) - د. منذر الشاوي: الدولة الديمقراطية، المصدر نفسه، ص52.

جدير بالذكر، ان أنصار فكرة العقد الاجتماعي رغم اتفاقهم على إن الأفراد يؤسسون الدولة بواسطة العقد الاجتماعي، لذا تعود لهم السلطة والسيادة، الا إنهم غير متفقين على مضمون هذا العقد الذي ابرمه الأفراد فيما بينهم لتأسيس هذه الدولة.

لذلك انقسموا إلى ثلاث طوائف يمثلون ثلاثة اتجاهات فكرية ضمن فكرة العقد الاجتماعي، يقودها كل من توماس هوبز وجون لوك وجان جاك روسو. ونظرا لأهمية هذه الاتجاهات في فهم فكرة العقد الاجتماعي، **فأننا سندرس هذه الاتجاهات الثلاثة وعلى النحو الآتي:**

1-7-3-2 فكرة العقد الاجتماعي في فكر توماس هوبز Thomash Hobbes (1588 - 1679 م)

توماس هوبز هو من فلاسفة القانون الطبيعي، يعتقد ان أول أمر يصدر عن القانون الطبيعي هو (البحث عن السلام والسعي إليه). وبمقتضى هذا القانون يجب على الناس ان يسعوا الى السلام ولتحقيق هذا الهدف عليهم جميعا إبرام عقد فيمابينهم و ان يتنازلوا بموجبه عن الحق في عمل كل شيء. وبهذا التنازل المتبادل تنشأ الدولة[1].

والإرادة ليست حرة في ان تضع في هذا العقد ما تشاء، وبصفة خاصة فإن الإرادة ليست حرة في الأضرار بصاحبها. ومن ثم فانه لا يجوز بمقتضى هذا العقد التنازل عن الحقوق الأساسية للإنسان. وفي هذا يقول هوبز: (ان موضوع التصرفات الإرادية لكل شخص هو شيء حسن لهذا الشخص، ولهذا السبب فأن هناك بعض الحقوق لا يتصور ان رجلا يتنازل عنها او يتصرف فيها بأي كلمات أو إشارات)[2]. والحقوق التي يتحدث عنها هوبز في هذه العبارة هي الحقوق التي أطلق عليها فيما بعد حقوق الإنسان، وهي الحقوق الطبيعية التي تستمد وجودها من القانون الطبيعي ذاته ولا يجوز المساس بها بواسطة أي تصرف إرادي سواء كان هذا التصرف قانونا او عقدا[3].

---

(1) - د. سمير عبد السيد تناغو: النظرية العامة للقانون، المصدر السابق، ص169.
(2) - د. سمير عبد السيد تناغو: النظرية العامة للقانون، المصدر السابق، ص169.
(3) - د. سمير عبد السيد تناغو: النظرية العامة للقانون، المصدر السابق، ص169.

وهكذا فأن العقد الاجتماعي عند هوبز يستمد أسباب وجوده وشروطه من القانون الطبيعي وليس من الإرادة. فالعقد الاجتماعي عقد غير إرادي. ومع ذلك فان هوبز قد انحرف بنظرية القانون الطبيعي انحرافا يبرر طغيان القانون الوضعي واستبداد الدولة.

وبما أن فكرة العقد الاجتماعي سلاح ذو حدين، إذ قد تفسر لتأكيد سيادة الشعب باعتباره مصدرا لجميع السلطات، وقد تستخدم لتأكيد سلطة الحاكم المطلقة باعتباره مصدرا لجميع هذه السلطات. وهكذا استخدم هوبز هذه الفكرة لمساندة الدولة الاستبدادية وسماها بالتنين، لأنها تبتلع من جوفها كل الأفراد الذين تذوب شخصياتهم وإرادتهم أمام شخصيتها وإرادتها.

ينطلق هوبز من تحليل لطبيعة الإنسان في ضوء رؤية فلسفية معينة، فيقول: (الإنسان يتميز من الحيوان بالعقل ورغبة المعرفة والقلق من المستقبل والخوف من المجهول. والإنسان بهذا التكوين لا يعيش وحده بل مع أمثاله الذين يحملون ذات الصفات. بناء عليه، لكل إنسان مثيله ومنافسه وبالتالي تدفعه أيضا إرادة القوة تحت كل أشكالها. فكل فرد، إذن، مساو للفرد الآخر. والمساواة بين الأفراد تعني ان كل واحد يريد ان يحقق أهدافه وان يحطم او يخضع الآخر. فالمنافسة وعدم الثقة المتبادلة والرغبة الجامحة في المجد والشهرة، تكون نتيجتها الحرب الدائمة لكل واحد ضد كل واحد، والإنسان، عندها، سيكون ذئبا بالنسبة للإنسان. ومثل هذه الحروب ستكون عائقا لكل بناء ولكل حراثة ولكل راحة ولكل علم وأدب ولكل ملكية، وباختصار لكل مجتمع. واضع من ذلك إنها تؤدي إلى الخوف الدائم من الموت العنيف. وهذا هو الوضع البائس للإنسان في حالة الطبيعة)[1].

وهكذا، وهو يرى بأن الإنسان في حالة الطبيعة يتمتع بحرية كاملة لكنها عقيمة، لأنه إذا كانت له الحرية في ان يفعل ما يشاء، ففي مقابل ذلك هناك الآخرون الذين لهم نفس الحرية، الأمر الذي يعرضه لان يتحمل كل ما يعجبهم. أي يملك كل واحد الحق على كل شيء ولكنه لا يستطيع ان يتمتع بأي شيء. لكن حينما يقام المجتمع

(1) - د. منذر الشاوي: الدولة الديموقراطية، المصدر السابق، ص68.

المدني، فأن كل مواطن لا يحتفظ بحرية إلا بقدر ما تمكنه من العيش الكريم وبسلام، ويفقد الآخرون كذلك حريتهم بالقدر الذي يصبحون معه غير مؤذين[1].

ولهذه الأسباب، فقد قاد الإنسان عقله الى وجوب الخروج من حالة الطبيعة إلى حالة أخرى، حالة المجتمع المدني، فأتفق الجميع على ان يتنازل كل إنسان عن جزء من حريته المطلقة لمصلحة المجتمع وهذا التعاقد بين الأفراد هو أساس الاجتماع والفائدة التي تقوم عليها الدولة[2].

ولكن هذا التعاقد لا يمكن تنفيذه وتحقيق غايته إلا إذا خضع الجميع لفرد واحد منهم يتمثل في شخصية الدولة كلها وتكون إرادته هي القانون النافذ وتخضع جميع الأفراد لإرادته خضوعا تاما[3].أي لا تكون للأفراد حرية الرأي والضمير وتسحق أي عقيدة دينية تتعارض مع ما تراه الحاكم حقا وخيرا.

وهكذا فالأفراد يتعاقدون فيما بينهم، فيتنازلون، لمصلحة الغير، وهو الحاكم، عن كل حق وعن كل حرية تضر بالسلم. فقد ارتبطوا فيما بينهم في حين إن الحاكم الذي أوجدوه لم يرتبط أو يتقيد. إذا الالتزامات المتبادلة هي، بين المحكومين وحدهم وان الحاكم لن يكون طرفا فيها. بناء عليه فالأفراد اشترطوا فيما بينهم بالتخلي عن الحق الطبيعي الذي يعود لهم بأن يحكموا أنفسهم لمصلحة شخص ثالث وهو الحاكم[4]. وستكون سلطة الحاكم مطلقة لا يجوز للأفراد أن يستردوا ما أعطوه للحاكم من السلطة، لأنه لم يكن طرفا في العقد ولم يلتزم بشيء تجاههم، ولهذا فقد ظلت الحرية للحاكم وحده وأصبح سلطانه عليهم مطلقا لا حدود له[5].

---

(1) - د. منذر الشاوي: الدولة الديموقراطية، المصدر السابق، ص69.
(2) - د. حسن علي ذنون: فلسفة القانون، المصدر السابق، ص57-58.
(3) - د. حسن علي ذنون: فلسفة القانون، المصدر السابق، ص58.
(4) - د. منذر الشاوي: الدولة الديموقراطية، المصدر نفسه، ص74-75.
(5) - د. عبدالرحمن رحيم عبدالله: محاضرات في فلسفة القانون، المصدر السابق، ص49.

2-7-3-2 فكرة العقد الاجتماعي في فكر جون لوك John Locke (1704 - 1632)

إن جون لوك من فلاسفة القانون الطبيعي الصادقين، وهو يحتج على أخطاء هوبز التي أدت إلى الاستبداد. وهو يرى ان عهد الطبيعة كان عهد سلام ووئام وحسن نية وتعاون متبادل وكان القانون الطبيعي هو القاعدة الخالدة لجميع الناس، للمشرعين، كما لغيرهم. وهو الحاكم وهو ينظم حياة الناس، ليس بوسع أحد أن يخرج عن طاعته. فلا إرادة الأفراد ولا إرادة المشرع تستطيع مخالفته. ولكن بعد أن ترك الناس حالة الطبيعة ودخلوا إلى حالة المجتمع السياسي، فأنهم كانوا قد ابرموا فيما بينهم عقدا اجتماعيا لإنشاء مجلس يقوم بتحديد نطاق القانون الطبيعي وتنفيذه. وهكذا نشأت الدولة، فالدولة عنده إنما نشأت عن عقد تم بين الأفراد لحماية متاعهم وأملاكهم، فالأفراد لم يتنازلوا في العقد الاجتماعي عن كل ما لهم من حقوق طبيعية، بل أنهم تنازلوا فقط عن القدر اللازم لحماية المصلحة العامة. فيبقى القدر الباقي من هذه الحقوق الطبيعية قائما في عهد المجتمع المنظم كقيد يرد على حرية الحاكم، ولما كان الحاكم طرفا في العقد فأنه يلتزم بتسخير سلطته في تحقيق المصلحة العامة واحترام الحقوق الطبيعية للأفراد، فإذا اخل بهذا الالتزام يحق للأفراد بأن يثوروا عليه[1].

غير ان هذا التغيير من الحالة الطبيعية إلى حالة المجتمع السياسي لا يمكن تحقيقه إلا بناء على رضاء الأفراد. فالرضاء وحده هو الذي يكون الدولة أو المجتمع السياسي. لذلك فأن (الحكومة المطلقة) لا يمكن أن تكون شرعية وبالتالي لا يمكن اعتبارها (حكومة مدنية) لأنها لا تقترن برضاء الأفراد.

وهكذا فإن تنازل الأفراد عن سيادتهم للحاكم ليس تاما، بل مشروط ببعض القيود والتحفظات. لان الفرد لا يمكن أن يتنازل إلا عن جزء من سيادته ويحتفظ لنفسه بممارسة الجزء الآخر المتعلق بحياته وكرامته كإنسان[2]. فالحقوق الطبيعية للأفراد، لا تزول بعد الموافقة على إقامة المجتمع السياسي، بل أنها تبقى لكي تقيد

---

(1) - د. حسن علي ذنون: فلسفة القانون، المصدر السابق، ص60.

(2) - د. منذر الشاوي: الدولة الديموقراطية، المصدر السابق، ص84-85.

السلطة وتعزز الحرية. فإذا كان الأفراد قد غادروا حالة الطبيعة، فـذلك لـكي يكونـوا في وضع أفضل في حرياتهم وممتلكاتهم. بناء عليه فأن السلطة في المجتمع الـسياسي لا يمكـن إن تكون تحكمية فيما يتعلق بحياة وأموال الشعب[1].

وهكذا فإن لوك يرى ضمان حقوق الإنسان عن طريق إقامة سلطة شرعية تتمتـع بثقـة وولاء أفراد المجتمع، ولهذا السبب يعتبر جون لوك من أبرز أنصار الحكومات الدستورية ومن الذين أيدوا نظام الحكم المقيد، وقد ساهم بأفكاره في الـدفاع عـن ثـورة الـشعب ضـد الملـك المستبد في انكلترا عام 1688 التي انتهت بإعلان الحقوق في عـام 1689 التـي قيـدت سـلطات الملك ومنحت صلاحيات واسعة للبرلمان، ومن ثم أرست قواعد النظام البرلماني[2].

3-7-3-2 فكـرة العقـد الاجتماعـي في فكـر جـان جـاك روسـو Jean Jacques Rousseau(1712 - 1778)

وهو يرى أن الرجل الطبيعـي مخلـوق ذو غرائـز خـيرة وميـول بـسيطة فقـد أفـسدته الحـضارة وحرمانـه مـن الـسعادة وبخاصـة لحيـاة المدينـة، والفـوارق الطبقيـة، والاسـتبداد الحكومي[3].

أما فيما يتعلق بفكرة العقـد الاجتماعـي فقـد ذهـب إلى أن هـذا العقـد لا يهـدف إلى الدفاع عن إرادة الإنسان ضـد القـانون الطبيعـي ومبـادئ العـدل، بـل ضـد العنـف والقهـر. فالإرادة الإنـسانية لا تملـك ان توافـق عـلى شيء يتعـارض مـع الخـير الخـاص لـصاحب هـذه الإرادة[4].

وهكذا فإن العقد الاجتماعي لديه هو العقـد العـادل أو العقـد العـدلي، ولـيس العقـد الإرادي، وكان إبرام هذا العقد مفروضا بالضرورة على الأشخاص الذين ابرموه. لأنـه في لحظـة معينة يصبح استمرار الحالـة البدائيـة غـير ممكـن، لأن اسـتمرارها يـؤدي إلى هـلاك الجـنس البشري[5].

---

(1) - د. منذر الشاوي: الدولة الديموقراطية، المصدر السابق، ص96.

(2) - د. عبدالرحمن رحيم عبدالـلـه: محاضرات في فلسفة القانون، المصدر السابق، ص51-52.

(3) - فؤاد كامل واخرون: الموسوعة الفلسفية المختصرة، مراجعة د. زكي نجيب محمود، منشورات مكتبـة الأنجلـو المصرية، ط/1 ، القاهرة، 1963، ص169.

(4) - د. سمير عبد السيد تناغو: النظرية العامة للقانون، المصدر السابق، ص171.

(5) - د. عبدالرحمن رحيم عبدالـلـه: محاضرات في فلسفة القانون، ص52.

وروح العقد الاجتماعي يتمثل في المساواة وهكذا فأن الإنسان يكسب من هذا العقد بقدر ما يفقد، ويأخذ أيضا القوة اللازمة لحماية حقه[1].

وهكذا فإن روسو قد استعمل فكرة العقد الاجتماعي لإنكار حق الحكام في السيادة ولإنكار الحكم الفردي كوسيلة أراد بها حصر السلطة في يد الشعب، وقد أنهى هذا العقد حالة الطبيعة التي كان فيها لكل فرد أن يفعل ما يشاء وأنشأ عهدا جديدا وهو عهد المجتمع المنظم الذي أصبحت فيه السيادة للشعب وليس لفرد من الأفراد، لأنه لا يجوز تجزئة السيادة، لان تجزئتها يعني إنهائها، ولهذا فأن القوانين تستمد شرعيتها وإلزاميتها من الإرادة العامة، وهذه الإرادة العامة هي إرادة مطلقة معصومة، ترمي إلى تحقيق مصالح أفرادها. والإرادة العامة تعبر عنها القوانين الوضعية، لان الإرادة العامة تريد المصلحة العامة التي يعبر عنها بالقوانين ذات الطبيعة العامة. لذا فان خضوع الأقلية للقوانين التي صوتت عليها الأغلبية، هو تحقيق للحرية وليس خرقا لها[2].

وهكذا فأنه رغم إقراره بأن الأفراد لا يتنازلون بموجب العقد الاجتماعي إلا عن القدر اللازم من حقوقهم لمصلحة المجموع، إلا انه يعترف لهذا المجموع أو الأكثرية منه حق الحكم المتصرف في تحديد الحقوق الطبيعية التي يحتفظ بها الأفراد، وله ان يقيد منها ما يشاء، وبهذا المنطق فأن روسو يحل الاستبداد المطلق للشعب أو الأكثرية منه، وكأنه لم يحارب الاستبداد لذاته، بل حاربه باعتباره استبداد فرد لا يستند إلى عقد اجتماعي. أما استبداد الشعب أو الأكثرية منه المستند إلى هذا العقد فلا تثريب عليه عنده[3].

هكذا كان لنظريتي القانون الطبيعي والعقد الاجتماعي دور فعال في اندلاع الثورة الفرنسية سنة 1789 إذ إنها اعتنقت فكرة روسو في حصر السيادة بيد الشعب، واعتناقها بفكرة القانون الطبيعي ليكون موجها وقيدا على سيادة الشعب فأعلنت حقوق الإنسان الطبيعية لتكون قيدا على تحكم هذه القوانين التي تعبر عن إرادة

---

(1) - د. سمير عبد السيد تناغو: النظرية العامة للقانون، المصدر السابق، ص172.

(2) - د. منذر الشاوي: الدولة الديموقراطية، المصدر السابق، ص113.

(3) - د. عبدالرحمن رحيم عبدالله: محاضرات في فلسفة القانون، المصدر السابق، ص54.

الشعب ولتصبح فكرة القانون الطبيعي يتضمنها إعلان حقوق الإنسان والمواطن الفرنسي الصادر عام 1789، بعد إن كانت مجرد أفكار تعبر عنها الفلاسفة والمفكرون[1].

وقد تمخض هذا الإعلان عن صدور مجموعة من إعلانات رسمية وردت في الدساتير المختلفة تؤكد الإيمان بوجود قانون طبيعي خالد ثابت يعلو على القوانين الوضعية يعتبر حقوق الأفراد الطبيعية قيدا واردة على سلطان المشرعين[2].

8-3-2 حقوق الإنسان في العصر الحديث

إن موضوع حقوق الإنسان في العصر الحديث، احتل مكانا مرموقا في القانون الدولي العام، بحيث دار حولها صراع حاد بين الكتلة الشرقية والكتلة الغربية إزاء الاهتمام بها وتثبيتها كمبدأ آمر في قواعد القانون الدولي العام.

الحقوق والحريات في أنظمة الكتلة الشرقية وفي مقدمتها الاتحاد السوفيتي السابق والتي كانت قائمة على الأفكار الماركسية، كانت تمنح بهدف واحد إلا وهو بناء الشيوعية من خلال دعم التنظيم الاشتراكي للإنتاج. ولذلك اختلف ترتيب الحقوق والحريات في مواثيقها عنه في مواثيق الكتلة الغربية. أي كانت تعطي الأولوية للحقوق الاقتصادية والاجتماعية وتقدمها على الحقوق والحريات التقليدية[3].

بعبارة أخرى كانت الكتلة الشرقية تركز في طروحاته الأيديولوجية والفكرية على حقوق الإنسان الجماعية وبشكل خاص حق تقرير المصير وحق التنمية وتركز أيضا على الحقوق الاقتصادية والاجتماعية والثقافية منها حق العمل وحق التعليم وحق الاستفادة من انجازات الثقافة وحق التمتع بأوقات الراحة والحق في الضمان الاجتماعي وحق التقاعد ودعم الفئات الضعيفة بالأخص المرأة والطفل. ولكنها لا تعير اهتماماً كبيراً بالحقوق المدنية والسياسية، في حين كانت الكتلة الغربية بعكس ذلك، تركز على الحقوق المدنية والسياسية، كحق السفر وحق التنقل وحق التمتع بالحياة الخاصة دون رقيب وحق سرية المراسلات والهاتف وحق الانتخاب وحق العيش

---

(1) - د. عبدالرحمن رحيم عبدالله: محاضرات في فلسفة القانون، المصدر نفسه، ص55.

(2) - د. عبدالرحمن رحيم عبدالله: محاضرات في فلسفة القانون، المصدر نفسه، ص55.

(3) - د. عبد السلام علي المزوغي: النظرية العامة لعلم القانون - الكتاب السابع - مركز الإنسان في المجتمع، ط/2، منشورات الدار الجماهيرية للنشر والتوزيع والإعلان، بنغازي، 1993، ص57.

بدون خوف وحق الامتناع عن التعذيب والحق في محاكمة عادلة وغيرها من الحقوق[1].

من خلال هذه المقارنة البسيطة لفكرة حقوق الإنسان في الإيديولوجيتين الشرقية والغربية، يتبين لنا بأن الشرق كان مخطئا في إهمال الحقوق المدنية والسياسية، وكذلك فأن الغرب لم يكن على الصواب في عدم الاهتمام بالحقوق الاقتصادية والاجتماعية والثقافية بما فيه الكفاية وإهماله للحقوق الجماعية وبصورة خاصة حق الشعوب والأقليات في تقرير مصيرها.

وهكذا لم يكن الشرق والغرب على الصواب، لذلك دار بينهما صراع حقيقي وانعكس بدوره على المجتمع الدولي، مما دفع بالخبراء والنشطاء العاملين في مجال حقوق الإنسان لبحث هذا الموضوع بشكل جدي، للوصول بقضية الإنسان وحقوقه الى مستوى رفيع.

كانت ولادة الأمم المتحدة في 1945/6/26 تتويجا لنضال البشرية للحصول على ضمانات وقواعد قانونية منظمة ومنسقة لحقوق الإنسان بعد معانات وصراع مرير على يد النازيين والفاشيين، على أثرها ترك العالم بعد انتهاء الحرب العالمية الثانية وأبدى المجتمع الدولي تفهما واسعا لقضية الإنسان وحماية حقوقه[2].

لقد أقيمت منظمة الأمم المتحدة في مؤتمر سان فرانسيسكو في أواخر أيام الحرب العالمية الثانية في 1945/4/25 من قبل تسع وخمسين امة من الأمم التي كانت ضمن التحالف الذي ربح الحرب العالمية الثانية أو كانت من الأمم المحايدة، حيث وقع ممثلو دول الأمم المشاركة بالإجماع على الميثاق في 1945/6/26 ، وأصبح نافذ المفعول في 1945/10/24 وذلك بعد أن تم تصديق أغلبية الدول الموقعة عليه[3].

---

(1) - د. عبد الحسين شعبان: محاضرات في القانون الدولي الإنساني وحقوق الإنسان، ألقيت على طلبة الدراسات العليا - الدكتوراه لكلية القانون والسياسة، قسم القانون، جامعة صلاح الدين،الكورس الثاني للعام الدراسي 2000/1999.

(2) - د. كامران الصالحي: حقوق الإنسان والمجتمع المدني بين النظرية والتطبيق، ط/2، منشورات مؤسسة موكريان للطباعة والنشر، اربيل، 2000، ص97.

(3) - د. عصام عطية:القانون الدولي العام، ط/4 ، منشورات كلية القانون بجامعة بغداد، 1987، ص185.

يعتبر ميثاق الأمم المتحدة دستورا عاما لحقوق الإنسان، حيث أكد في أكثر من موضع على مبادئ حقوق الإنسان وعلى حق الشعوب في تقرير مصيرها وعلى تعزيز وتقدم اجتماعي ومستوى معاشي وصحي أفضل.

إن حكومة كل دولة بمجرد انضمامها إلى منظمة الأمم المتحدة، تكون قد تعهدت بتعزيز الاحترام والتقيد بحقوق الإنسان والحريات الأساسية من دون تمييز على أساس العنصر أو الجنس او اللغة او الدين. في 1948/12/10 تبنت الجمعية العامة لمنظمة الأمم المتحدة الإعلان العالمي لحقوق الإنسان.

منذ تبني الإعلان العالمي لحقوق الإنسان فأن منظمة الأمم المتحدة قامت بتقنين مواد الإعلان العالمي لحقوق الإنسان في العديد من المعاهدات والاتفاقيات والتعهدات والمواثيق الدولية، كما قامت بوضع الآليات لتنفيذ تلك المعاهدات والاتفاقيات والتعهدات والمواثيق الدولية في النصوص ذاتها وفي أجهزة منظمة الأمم المتحدة ووكالاتها المتخصصة[1].

وبعد مرور ثمانية عشر عاما على صدور الإعلان العالمي لحقوق الإنسان، أصدرت الجمعية العامة للأمم المتحدة في سنة 1966 عهدين دوليين لاستكمال وتعزيز الإعلان العالمي.

وبعد عشرين عاما على صدور الإعلان العالمي، انعقد الحوار مجددا في الأمم المتحدة وخارجها لتفعيل الاحترام العالمي لحقوق الإنسان وانعقد (مؤتمر طهران) في سنة 1968. وكان مؤتمر طهران خطوة هامة على طريق تعزيز حقوق الإنسان، كحق الشعوب في تقرير مصيرها واحترام السيادة واختيار النظام السياسي والاجتماعي وعدم التدخل في الشؤون الداخلية وحق الفرد في العيش بحرية وبكرامة.

وخلال عقد السبعينات حدث تطور مهم بخصوص موضوع حقوق الإنسان، حيث جرى تقديمه كمبدأ أمر ملزم من مبادئ القانون الدولي بموجب وثيقة مؤتمر هلسنكي للأمن والتعاون الأوروبي المنعقد في 1975/8/1.

---

(1) - حقوق الإنسان -1- ميثاق وإعلان وتعهدان دوليان وبروتوكول: بحث منشور في مجلة الحقوقي التي تصدرها جمعية الحقوقيين العراقيين، العدد/1، كانون الأول 2000، ص83.

ومع انهيار المعسكر الاشتراكي وإنهاء الحرب الباردة وتكريس النظام العالمي الجديد بقيادة الولايات المتحدة، فقد اخذ موضوع حقوق الإنسان يطرح من زاوية جديدة، حيث جرى تكريس أسسها في مؤتمر باريس الذي انعقد في تشرين الثاني عام 1990، حيث وضع آليات جديدة لمراقبة انتهاكات حقوق الإنسان، منها إنشاء مكتب أوروبي للإشراف على شرعية الانتخابات وتحديد معالم النظام الديموقراطي التعددي لاحترام حقوق الإنسان وقدم تفسيرات واضحة لحقوق وحريات الإنسان الأساسية وأكد على حماية حقوق الأقليات الوطنية وضمان ممارستهم لحقوقهم[(1)].

وفي اتفاقية برلين الموقعة في حزيران 1991 وقبل وضع اللمسات الأخيرة على تفكيك الاتحاد السوفيتي وانهدام المعسكر الاشتراكي، جرى إقرار مبادئ جديدة في إطار ميزان جديد للقوى الدولية، حيث تم هدم مبدأ (عدم التدخل في الشؤون الداخلية) الذي اقره ميثاق الأمم المتحدة وأُحل محله مبدأ آخر وهو أحقية الدول الأعضاء في التدخل لوضع حد لانتهاكات حقوق الإنسان والقوانين الدولية والتي سميت فيما بعد بمبدأ التدخل الإنساني[(2)].

وفي أعقاب التطورات السياسية التي مر بها العالم انعقد مؤتمر فينا لحقوق الإنسان في 1993/6/4.

وهكذا لم تعد قضية حقوق الإنسان قضية داخلية فحسب، بل أصبحت قضية المجتمع الدولي بأسره، لذا أصبحت جزءا من المبادئ الآمرة الملزمة من الاتفاقات الاشتراكية في القانون الدولي المعاصر ولا ينفصل عنها.

9-3-2 الألفية الثالثة وموقف العالم من حقوق الإنسان

بمناسبة تدشين الألفية الثالثة، رؤساء وملوك العالم المشاركون في (قمة الألفية) المنعقدة في نيويورك من 6-8 أيلول عام 2000 ، والذين قاربوا عن مائة وخمسين زعيما، أكدوا مجددا عن إيمانهم العميق بالمنظمة الدولية وميثاقها باعتبارهما أساسين لا غنى عنهما لتحقيق مزيد من السلام والرخاء والعدل في العالم. كما أكد

(1) - د. عبد الحسين شعبان: ثقافة حقوق الإنسان، ط/1، منشورات رابطة كاوا للثقافة الكردية، اربيل، 2001، ص11.

(2) - د. عبد الحسين شعبان: ثقافة حقوق الإنسان، المصدر السابق، ص11-12.

المجتمعون في مشروع الإعلان الذي وقعوا عليه في ختام القمة على التزامهم بمسؤولياتهم الجماعية لدعم مبادئ الكرامة الإنسانية والمساواة والعدل على المستوى العالمي وخاصة مسؤولياتهم تجاه أطفال العالم باعتبارهم أمل ونواة المستقبل. وأكدوا كذلك على إقامة سلام عادل ودائم في جميع أنحاء العالم وفقا لأهداف وميثاق الأمم المتحدة ومبادئها وكذلك عزمهم على مواجهة التحدي الأساسي لضمان جعل العولمة قوة ايجابية تعمل لصالح جميع شعوب العالم. وتؤكد القمة على ضرورة بذل الجهد في سبيل تخليص شعوب العالم من ويلات الحروب سواء داخل الدول او فيما بينها والتي أودت بحياة أكثر من خمسة ملايين شخص في العقد الأخير وكذلك السعي إلى القضاء على المخاطر التي تمثلها أسلحة الدمار الشامل. كما تضمن إعلان الألفية الثالثة الذي صدر عن الجمعية العامة التأكيد على مسؤولية الدول منفصلة ومجتمعة حيال دعم مبادئ الكرامة والمساواة والعدالة البشرية على المستوى الوطني والعالمي.

والجدير بالذكر، التوقف عند موضوع حقوق الإنسان والديموقراطية والحكم الصالح قد أولته القمة اهتماما خاصا، حيث أكدت على احترام وتطبيق مبادئ الديموقراطية وحقوق الإنسان بما فيها حقوق الأقليات ومكافحة جميع أنواع العنف ضد النساء وضمان حقوق المهاجرين[1].

وفيما يلي نص مشروع إعلان الأمم المتحدة بشأن قمة الألفية الثالثة[2]:

1- نحن رؤساء الدول والحكومات قد اجتمعنا بمقر الأمم المتحدة في نيويورك من 6-8 أيلول 2000 إلى فجر ألفية جديدة لنؤكد مجددا إيماننا بالمنظمة وميثاقها باعتبارهما أساسين لاغني عنهما لتحقيق مزيد من السلام والرخاء والعدل في العالم.

2- أننا ندرك انه تقع على عاتقنا إلى جانب مسؤوليات كل منا تجاه مجتمعه مسؤولية جماعية هي مسؤولية دعم مبادئ الكرامة الإنسانية والمساواة والعدل على المستوى العالمي. ومن ثم فأن علينا باعتبارنا قادة واجبا تجاه

---

(1) - د. عبد الحسين شعبان: محاضرات في القانون الدولي الإنساني وحقوق الإنسان، ألقيت على طلبة الدراسات العليا - الدكتوراه لكلية القانون والسياسة، قسم القانون، جامعة صلاح الدين،الكورس الثاني للعام الدراسي 2000/1999.

(2) - http :// w.w.w. UN . org . htm 9/10/2001

جميع سكان العالم لاسيما أضعفهم وبخاصة أطفال العالم. فالمستقبل هو مستقبلهم.

3- أننا نؤكد من جديد التزامنا بمقاصد ميثاق الأمم المتحدة ومبادئه التي ثبت انها صالحة لكل زمان ومكان بل أنها قد ازدادت أهمية وقدرة على الإلهام مع ازدياد الاتصال بصورة مستمرة بين الأمم والشعوب.

4- أننا مصممون على إقامة سلام عادل ودائم في جميع أنحاء العالم وفقا لأهداف الميثاق ومبادئه وأننا نكرس أنفسنا مجددا لدعم كل الجهود الرامية الى دعم المساواة بين جميع الدول في السيادة واحترام سلامتها الإقليمية واستقلالها السياسي وحل المنازعات بالوسائل السلمية ووفقا لمبادئ العدل والقانون الدولي، وحق الشعوب التي لا تزال تحت السيطرة الاستعمارية والاحتلال الأجنبي في تقرير المصير، وعدم التدخل في الشؤون الداخلية للدول واحترام حقوق الإنسان والحريات الأساسية، واحترام ما لجميع الناس من حقوق متساوية دون أي تمييز على أساس العرق أو الجنس أو اللغة أو الدين والتعاون الدولي على حل المشاكل الدولية الاقتصادية والاجتماعية والثقافية وذات الطابع الإنساني.

5- وأننا نعتقد ان التحدي الأساسي الذي نواجهه اليوم هو ضمان جعل العولمة قوة ايجابية تعمل لصالح جميع شعوب العالم. ذلك لان العولمة في حين أنها توفر فرصا عظيمة، فأن تقاسم فوائدها يجري حاليا على نحو يتسم الى حد بعيد بعدم التكافؤ وتوزع تكاليفها بشكل غير متساو ونحن ندرك إن البلدان النامية والبلدان التي تمر اقتصاداتها بمرحلة انتقالية تواجه صعوبات خاصة في مجابهة هذا التحدي الأساسي... ولذا فأن العولمة لا يمكن إن تكون شاملة ومنصفة تماما للجميع إلا إذا بذلت جهود واسعة النطاق ومستمرة لضمان مستقبل مشترك يرتكز على إنسانيتنا المشتركة بكل ما تتسم به من تنوع، ويجب ان تشمل هذه الجهود سياسات وتدابير على الصعيد العالمي تستجيب لاحتياجات البلدان النامية والبلدان التي تمر اقتصاداتها بمرحلة انتقالية وتصاغ وتنفذ بمشاركة فعلية من تلك البلدان.

6- أننا نعتبر قيما أساسية معينة ذات أهمية حيوية للعلاقات الدولية في القرن الحادي والعشرين، **ومن هذه القيم:**

(الحرية) للرجال والنساء الحق في ان يعيشوا حياتهم وان يربوا أولادهم وبناتهم بكرامة وفي مأمن من الجوع والخوف ومن العنف أو القمع أو الظلم وخير سبيل لضمان هذه الحقوق هو الحكم النيابي الديمقراطي المستند إلى أرادة الشعوب.

(المساواة) يجب عدم حرمان أي فرد أو أمة من فرصة الاستفادة من التنمية ويجب ضمان المساواة في الحقوق وتكافؤ الفرص للرجل والمرأة.

(التضامن) يجب مواجهة التحديات العالمية على نحو يكفل توزيع التكاليف والأعباء بصورة عادلة وفقا لمبادئ الإنصاف والعدالة الاجتماعية الأساسين ومن حق الذين يعانون، أو الذين هم اقل المستفيدين ان يحصلوا على العون من اكبر المستفيدين.

(التسامح) يجب على البشر احترام بعضهم البعض بكل ما تتسم به معتقداتهم وثقافاتهم ولغاتهم من تنوع وينبغي إلا يخشى مما قد يوجد داخل المجتمعات أو فيما بينها من اختلافات، بل ينبغي الاعتزاز به باعتباره رصيدا ثمينا للبشرية... وينبغي العمل بنشاط على تنمية ثقافة السلم والحوار بين جميع الحضارات.

(احترام الطبيعة) يجب توخي الحذر في إدارة جميع أنواع الكائنات الحية والموارد الطبيعية، وفقا لمبادئ التنمية المستدامة فبذلك وحده يمكن الحفاظ على الثروات التي لا تقدر ولا تحصى التي توفرها لنا الطبيعة ونقلها إلى ذريتنا ويجب تغيير أنماط الإنتاج والاستهلاك الحالية غير المستدامة وذلك لصالح رفاهنا في المستقبل ورفاهية ذريتنا.

(تقاسم المسؤولية) يجب ان تتقاسم أمم العالم مسؤولية إدارة التنمية الاقتصادية والاجتماعية على الصعيد العالمي، والتصدي للأخطار التي تهدد السلام والأمن الدوليين، والاضطلاع بهذه المسؤولية على أساس تعدد الأطراف... والأمم المتحدة، بوصفها المنظمة الأكثر

عالمية والأكثر تمثيلا في العالم يجب أن تؤدي الدور المركزي في هذا الصدد.

7- ولتحويل هذه القيم المشتركة الى إجراءات حددنا أهدافا رئيسية تعلق عليها أهمية خاصة. ثانيا/ السلم والأمن ونزع السلاح.

8- لن ندخر جهدا في سبيل تخليص شعوبنا من ويلات الحروب، سواء داخل الدول أو فيما بينها، التي أودت بحياة أكثر من خمسة ملايين شخص في العقد الأخير وسنسعى أيضا إلى القضاء على المخاطر التي تمثلها أسلحة التدمير الشامل.

9- لذلك نقرر ما يلي:

- تعزيز احترام سيادة القانون في الشؤون الدولية والوطنية على السواء ولاسيما لكفالة امتثال الدول الأعضاء لأحكام قرارات محكمة العدل الدولية، وفقا لميثاق الأمم المتحدة في أي قضية تكون فيها طرفا.
- زيادة فعالية الأمم المتحدة في صون السلم والأمن بتزويدها بما يلزمها من موارد وأدوات لمنع الصراعات وتسوية المنازعات بالوسائل السلمية وحفظ السلام وبناء السلام والتعمير بعد الصراع، ونحيط علما في هذا الصدد بتقرير الفريق المعني بعمليات الأمم المتحدة للسلام، ونرجو من الجمعية العامة أن تنظر في توصياته على وجه السرعة.
- تعزيز التعاون بين الأمم المتحدة والمنظمات الإقليمية، وفقا لأحكام الفصل الثامن من الميثاق.
- كفالة تنفيذ الدول الأطراف للمعاهدات في مجالات مثل الحد من التسلح ونزع السلاح، والقانون الإنساني الدولي، وقانون حقوق الإنسان ودعوة جميع الدول إلى النظر في التوقيع والتصديق على نظام روما الأساسي للمحكمة الجنائية الدولية.
- اتخاذ إجراءات متضافرة ضد الإرهاب الدولي، والانضمام في اقرب وقت ممكن إلى جميع الاتفاقيات الدولية ذات الصلة.

- مضاعفة جهودنا لتنفيذ التزامنا بمكافحة مشكلة المخدرات في العالم.
- تكثيف جهودنا لمكافحة الجريمة العابرة للحدود الوطنية بجميع أبعادها بما فيها الاتجار بالبشر وتهريبهم وغسل الأموال.
- التقليل إلى الحد الأدنى مما ينجم عن الجزاءات الاقتصادية التي تفرضها الأمم المتحدة من آثار ضارة بالسكان الأبرياء، وإخضاع أنظمة الجزاءات لعمليات استعراض منتظمة، وإزالة ما للجزاءات من آثار ضارة بالأطراف الأخرى.
- السعي بشدة إلى القضاء على أسلحة التدمير الشامل، ولاسيما الأسلحة النووية، والى إبقاء جميع الخيارات متاحة لتحقيق هذا الهدف بما في ذلك إمكانية عقد مؤتمر دولي لتحديد سبل إزالة الأخطار النووية.
- اتخاذ إجراءات متضافرة من اجل القضاء المبرم على الاتجار غير المشروع بالأسلحة الصغيرة والأسلحة الخفيفة ولاسيما بزيادة الشفافية في عمليات نقل الأسلحة ودعم تدابير نزع السلاح على الصعيد الإقليمي، مع مراعاة جميع توصيات مؤتمر الأمم المتحدة المقبل المعني بالاتجار غير المشروع بالأسلحة الصغيرة والأسلحة الخفيفة.
- دعوة جميع الدول إلى النظر في الانضمام إلى اتفاقية حظر استعمال وتخزين وإنتاج ونقل الألغام المضادة للأفراد، وتدمير تلك الألغام، وكذلك إلى بروتوكول اتفاقية الأسلحة التقليدية المعدل المتعلق بالألغام.

10- تحث الدول الأعضاء على مراعاة الهدنة الاولمبية على أساس فردي وجماعي في الحاضر والمستقبل ودعم اللجنة الاولمبية الدولية فيما تبذله من جهود لتعزيز السلام والتفاهم بين البشر من خلال الرياضة والمثل الاولمبية. <u>ثالثا: التنمية والقضاء على الفقر</u>

11- لن ندخر أي جهد في سبيل تخليص بني الإنسان الرجال والنساء والأطفال من ظروف الفقر المذقع المهينة واللاانسانية التي يعيش فيها حاليا أكثر من مليون شخص ونحن ملتزمون بجعل الحق في التنمية حقيقة واقعة لكل إنسان وتخليص البشرية قاطبة من الطاقة.

12- لذلك تقرر ان نهيئ (على الصعيدين الوطني والعالمي) بيئة مواتية للتنمية والقضاء على الفقر.

13- إن النجاح في تحقيق هذه الأهداف رهين بتوافر الحكم الرشيد في كل بلد ويتوقف أيضا على وجود حكم سليم على الصعيد الدولي وعلى الشفافية في التنظيم المالية والنقدية والتجارية ونحن ملتزمون بوجود نظام تجاري ومالي متعدد الأطراف يتسم بالانفتاح والإنصاف وعدم التمييز والقابلية للتنهز به ويرتكز على القانون.

14- نشعر بالقلق إزاء ما تواجهه البلدان النامية من عقبات في تعبئة الموارد اللازمة لتمويل تنميتها المستدامة. ولذا سنبذل قصارى جهدنا لكفالة نجاح الاجتماع الحكومي الدولي الرفيع المستوى المعني بتمويل التنمية المقرر عقده في عام 2001.

15- نتعهد أيضا بمعالجة الاحتياجات الخاصة لأقل البلدان نموا ونرحب في هذا الصدد بعقد مؤتمر الأمم المتحدة الثالث المعني بأقل البلدان نموا في شهر مايو 2001 وسوف نعمل على كفالة نجاحه وندعو البلدان الصناعية الى القيام بما يلي:

- اعتماد سياسة تسمح أساسا بوصول جميع صادرات أقل البلدان نموا إلى أسواقها دون فرض رسوم أو حصص عليها وذلك بحلول موعد انعقاد ذلك المؤتمر.

- تنفيذ البرنامج المعزز لتخفيض ديون البلدان الفقيرة المثقلة بالديون دون مزيد من الإبطاء والموافقة على إلغاء جميع الديون الثنائية الرسمية المستحقة على تلك البلدان مقابل تحملها التزامات قابلة للإثبات بالتقليل من الفقر.

- منح المساعدة الإنمائية بقدر اكبر من السخاء ولاسيما للبلدان التي تبذل جهودا حقيقية لتوظيف مواردها للتقليل من الفقر.

16- نحن مصممون أيضا على الاهتمام بمشاكل ديون البلدان النامية المنخفضة أو المتوسطة الدخل بصورة شاملة وفعالة باتخاذ تدابير متنوعة على المستويين الوطني والدولي لجعل تحمل ديونها ممكنا في المدى الطويل.

17- نقرر أيضا الاهتمام بالاحتياجات الخاصة للبلدان النامية الجزرية الصغيرة بتنفيذ برنامج عمل بربادوس ونتائج دورة الجمعية العامة الاستثنائية الثانية والعشرين تنفيذا سريعا وتاما ونحث المجتمع الدولي على كفالة مراعاة الاحتياجات الخاصة للبلدان النامية الجذرية الصغيرة لدى وضع مؤشر لمواطن الضعف.

18- إننا ندرك الاحتياجات والمشاكل الخاصة للبلدان النامية غير الساحلية ونحث المانحين الثنائيين والمتعددي الأطراف على حد سواء على زيادة المساعدات المالية والتقنية المقدمة إلى هذه الفئة من البلدان لتلبية احتياجاتها الإنمائية الخاصة ولمساعدتها على التغلب على العوائق الجغرافية من خلال تحسين نظمها للنقل المعابر.

- أن نخفض إلى النصف بحلول سنة 2015 نسبة سكان العالم الذين يعانون من الجوع ونسبة السكان الذين لا يستطيعون الحصول على المياه الصالحة للشرب أو دفع ثمنها.

- إن نكفل بحلول نفس ذلك العام أن يتمكن الأطفال في كل مكان سواء الذكور او الإناث منهم من إتمام مرحلة التعليم الابتدائي وان يتمكن الأولاد والبنات من الالتحاق بجميع مستويات التعليم على قدم المساواة.

- إن ينخفض معدل وفيات الأمهات بحلول نفس ذلك العام بمقدار ثلاثة أرباع ووفيات الأطفال دون سن الخامسة بمقدار الثلثين عن معدلاتهما.

- ضمان وقف انتشار فيروس نقص المناعة البشرية/ متلازمة نقص المناعة المكتسب (الايدز) ووباء الملاريا والأمراض الرئيسية الأخرى التي يعاني منها البشر وشروعه في الانحسار بحلول ذلك التأريخ.

- تقديم مساعدة خاصة الى الأطفال الذين أمسوا يتامى بسبب فيروس نقص المناعة البشرية/ متلازمة نقص المناعة المكتسب (الايدز).

- تحقيق تحسن كبير في حياة مائة مليون شخص على الأقل من سكان الأحياء الفقيرة وفقا لما اقترح في مبادرة (مدن خالية من الأحياء الفقيرة) وذلك بحلول عام 2020.

19- **تقرر أيضا ما يلي: -**

- تعزيز المساواة بين الجنسين وتمكين المرأة باعتبارهما وسيلتين فعالتين لمكافحة الفقر والجوع والمرض ولحفز التنمية المستدامة فعلا.
- وضع وتنفيذ استراتيجيات تتيح للشباب كل فرصة حقيقية للحصول على عمل لائق ومنتج.
- تشجيع صناعة المستحضرات الطبية على جعل العقاقير الأساسية متاحة على نطاق أوسع وتيسيره لجميع الأشخاص الذين يحتاجون إليها في البلدان النامية.
- إقامة شركات متينة مع القطاع الخاص ومع منظمات المجتمع المدني سعيا إلى تحقيق التنمية والقضاء على الفقر.
- كفالة إن تكون فوائد التكنولوجيات الجديدة وبخاصة تكنولوجيا المعلومات والاتصالات متاحة للجميع وفقا للتوصيات الواردة في الإعلان الوزاري للمجلس الاقتصادي والاجتماعي لسنة 2000.

رابعا: حماية بيئتنا المشتركة

20- يجب أن تبذل قصارى جهودنا لتحرير البشرية جمعاء وقبل أي شيء آخر تحرير أبنائنا وأحفادنا من خطر العيش على كوكب أفسدته الأنشطة البشرية على نحو لا رجعة فيه ولم تعد موارده تكفي لإشباع احتياجاتهم.

21- نؤكد مجددا تأييد مبادئ التنمية المستدامة بما في ذلك المبادئ المنصوص عليها في برنامج القرن الحادي عشر المعتمدة في مؤتمر الأمم المتحدة المعني بالبيئة والتنمية.

22- لذلك نقرر ان تطبق في جميع أنشطتنا البيئية أخلاقيات جديدة لحفظ الطبيعة ورعايتها ونقرر كخطوة إلى ما يلي:

- بذل قصارى جهودنا لضمان بدء نفاذ بروتوكول كيوتو في موعد لا يتجاوز الذكرى السنوية العاشرة لانعقاد مؤتمر الأمم المتحدة المعني بالبيئة والتنمية في عام 2002 والشروع في الخفض المطلوب لا... الغازات الضارة.
- تكثيف الجهود الجماعية لإدارة الغابات بجميع أنواعها وحفظها وتنميتها بصورة مستدامة.
- الحث بشدة على تنفيذ اتفاقية التنوع البيولوجي واتفاقية مكافحة التصحر تنفيذا تاما في البلدان التي تتعرض لجفاف أو لتصحر أو لكليهما بصورة خطيرة ولاسيما في أفريقيا.
- وقف الاستغلال غير المحتمل لموارد المياه بوضع استراتيجيات لإدارة المياه على الصعيد الإقليمية والوطنية والمحلية بما يعزز إمكانية الحصول عليها بصورة عادلة مع توافرها بكميات كافية.
- تكثيف التعاون من اجل خفض عدد وأثار الكوارث الطبيعية والكوارث التي يتسبب فيها الإنسان.
- كفالة حرية الوصول الى المعلومات المتعلقة بتسلسل الجين البشري (مجموعة العوامل الوراثية).

خامسا: حقوق الإنسان والديمقراطية والحكم الصالح

23- لن ندخر جهدا في تعزيز الديمقراطية وتدعيم سيادة القانون فضلا عن احترام جميع حقوق الإنسان والحريات الأساسية المعترف بها دوليا بما في ذلك الحق في التنمية.

24- لذلك نقرر ما يلي:

- احترام الإعلان العالمي لحقوق الإنسان والتقيد بأحكامه بصورة تامة.

- السعي بشدة من اجل حماية الحقوق المدنية والسياسية والاقتصادية والاجتماعية والثقافية للجميع وتعزيزها بصورة تامة في جميع بلداننا.
- تعزيز قدرات جميع بلداننا على تطبيق المبادئ والممارسات الديمقراطية واحترام حقوق الإنسان بما في ذلك حقوق الأقليات.
- مكافحة جميع أشكال العنف ضد المرأة وتنفيذ اتفاقية القضاء على جميع أشكال التمييز ضد المرأة.
- اتخاذ تدابير لكفالة احترام وحماية حقوق الإنسان للمهاجرين والعمال المهاجرين وأسرهم والقضاء على الأفعال العنصرية وكراهية الأجانب المتزايدة في مجتمعات كثيرة وتعزيز زيادة الوئام والتسامح في جميع المجتمعات.
- العمل بصورة جماعية لجعل العمليات السياسية أكثر شمولا وللسماح بمشاركة جميع المواطنين فيها بصورة حقيقية في مجتمعاتنا كافة.
- كفالة حرية وسائط الأعلام لكي تؤدي دورها الأساسي وضمان حق الجمهور في الحصول على المعلومات.

سادسا: حماية المستضعفين

25- لن ندخر جهدا في كفالة تقديم كل المساعدات والحماية الممكنة إلى الأطفال وجميع السكان المدنيين الذين يعانون بصورة خطرة من أثار الكوارث الطبيعية وعمليات الإبادة الجماعية والصراعات المسلحة وغيرها من حالات الطوارئ الإنسانية حتى يستطيعون أن يعيشوا في اقرب وقت ممكن في ظروف طبيعية. **لذلك تقرر ما يلي:**

- توسيع نطاق حماية المدنيين في حالات الطوارئ المعقدة، وتعزيز هذه الحماية وفقا للقانون الإنساني الدولي.
- تعزيز التعاون الدولي بما في ذلك تقاسم أعباء المساعدة الإنسانية المقدمة إلى البلدان المستقبلة للاجئين وتنسيق تلك المساعدة ومساعدة

كل اللاجئين والمشردين على العودة طوعا الى ديارهم في ظروف تصون أمنهم وكرامتهم وإدماجهم بسلاسة في مجتمعهم.

- التشجيع على التصديق على اتفاقية حقوق الطفل وبروتوكوليها الاختياريين المتعلقين بإشراك الأطفال في الصراعات المسلحة وبيع الأطفال وبغاء الأطفال والتصوير الإباحي للأطفال وتنفيذها بصورة تامة.

سابعا: تلبية الاحتياجات الخاصة لأفريقيا

26- سندعم توطيد الديموقراطية في أفريقيا ونساعد الأفريقيين في نضالهم من اجل السلام الدائم والقضاء على الفقر والتنمية المستدامة وبذلك ندمج أفريقيا في صلب الاقتصاد العالمي.

27- **لذلك نقرر مايلي:**

- تقديم دعم للهياكل السياسية والمؤسسية للديموقراطيات الناشئة في أفريقيا.
- تشجيع ودعم الآليات الإقليمية ودون الإقليمية لمنع الصراعات وتعزيز الاستقرار السياسي وكفالة تدفق الموارد بصورة يعول عليها من اجل عمليات حفظ السلام في القارة.
- اتخاذ تدابير خاصة لمواجهة تحديات القضاء الفقر والتنمية المستدامة في أفريقيا بما في ذلك إلغاء الديون وتحسين الوصول إلى الأسواق وزيادة المساعدة الإنمائية الرسمية وزيادة التدفقات الاستثمار الأجنبي المباشر وأيضاً نقل التكنولوجيا.
- مساعدة أفريقيا على بناء قدرتها على التصدي لانتشار وباء فيروس نقص المناعة المكتسب (الايدز) والأمراض الوبائية الأخرى.

ثامنا: تعزيز الأمم المتحدة

29- لن ندخر جهدا لكي تصبح الأمم المتحدة أداة أكثر فعالية في السعي إلى تحقيق جميع هذه الأولويات ... الكفاح من اجل التنمية لجميع شعوب العالم، ومكافحة الفقر والجهل والمرض ومناهضة الظلم ومحاربة العنف والإرهاب

والجريمة والحيلولة دون تدهور بيتنا المشترك وتدميره. .... ودائما يبقى سؤال أخير، هل تتحقق كل هذه المثاليات والنموذجيات التي يحفل بها الإعلان الألفية، فينسى الناس الفقر ويسود العدل والسلام والرفاهية أرجاء المعمورة وتنتهي الحروب من العالم.... الغالب أن العقود العديدة السابقة من عمر الأمم المتحدة لا تبشر بذلك.

3- معايير حقوق الإنسان

هناك نوعان من المعايير لحقوق الإنسان، بعضها معايير ليست لها طبيعة المعاهدة وهي تلك المعايير التي تمثل لونا من الاتفاق في الرأي بين أفراد المجتمع الدولي على معايير يتعين على الدول أن تطمح إلى تطبيقها. وبعضها معايير لها طبيعة المعاهدة وهي معاهدات ملزمة من الناحية القانونية للدول التي وافقت على أن تلتزم بها التزاما قانونيا.

3-1 المعايير الدولية التي ليست لها طبيعة المعاهدة

هناك معايير كثيرة لحقوق الإنسان والتي لا تأخذ شكل المعاهدة، وعادة ما يطلق على هذا النوع من المعايير (الإعلان) أو (مجموعة المبادئ) أو (مجموعة القواعد). ورغم إن هذه المعايير ليست لها ما للمعاهدات من قوة قانونية، ولكن لها قوة حجية لأن صدور كل معيار منها جاء تتويجا لعملية تفاوضية بين الحكومات استغرقت سنوات طويلة. وان كلا منها اعتمدتها هيئة سياسية كبرى، مثل الجمعية العامة للأمم المتحدة، وعادة ما يكون ذلك بإجماع الأصوات.

وبسبب هذا الثقل السياسي، يرى الكثيرون إنها ملزمة كالمعاهدات. وأحياناً يأتي إصدار هذا النوع من المعايير ليؤكد مجددا مبادئ اعتبرت بالفعل ملزمة من الناحية القانونية لجميع البلدان بموجب قانون العرف الدولي.

ونظرا لأهمية المعيار الأول – الإعلان العالمي لحقوق الإنسان – نسبة بمعياري (مجموعة المبادئ) أو (مجموعة القواعد)، سنبحثه أدناه بشيء من الإسهاب:

فقد تبنت الجمعية العامة للأمم المتحدة في عام 1948 الإعلان العالمي لحقوق الإنسان. وهو عبارة عن مجموعة من المبادئ المعترف بها دوليا والتي ينبغي ان تنظم سلوك جميع الدول تجاه الأفراد.

وقد عبر رئيس الجمعية العامة للأمم المتحدة عند إعلان الموافقة على الإعلان العالمي لحقوق الإنسان في الجلسة التي تلته بالقول: (هذه أول مرة تقوم فيها جماعة منظمة من الأمم بإعلان حقوق وحريات أساسية للإنسان، تؤيدها الأمم المتحدة، كما

يؤيدها الملايين من الرجال والنساء في جميع أنحاء العالم، فأنهم مهما يكونون على مسافات بعيدة خليقون بأن يتجهوا إلى هذه الوثيقة يستلهمونها العود والرشاد)[1].

وبعدها اعتمدت الجمعية العامة هذا الإعلان بموجب قرارهـا المـرقم (217) أ (د – 3) في 1948/12/10 وقامت بنشره باعتباره المثل الأعلى المشترك الذي ينبغي أن تستهدفه جميـع الشعوب والأمم، حتى يسعى جميـع أفـراد المجتمـع وهيئاتـه، واضـعين هـذا الإعـلان نـصب أعينهم على الدوام، إلى توطيد احترام هذه الحقـوق والحريـات مـن خـلال التعلـيم والتربيـة. حتى يكفلوا بالتدابير المطردة الوطنية والدولية، الاعتراف العالمي بها ومراعاتها الفعليـة، فـيما بين شعوب الدول الأعضاء ذاتهـا وفـيما بـين شـعوب الأقـاليم الموضـوعة تحـت ولايتهـا عـلى السواء.

ان هذا الإعلان يتكـون مـن ديباجـة وثلاثـين مـادة، تتـضمن جـزءا هامـا مـن الحقـوق الطبيعية اللصيقة بالإنسان. حيث جاء في ديباجتها: (لمـا كـان الاعـتراف بالكرامـة المتأصـلة في جميع أعضاء الأسرة البشرية وبحقوقهم المتساوية الثابتة هو أساس الحريـة والعـدل والـسلام في العالم .....) ان ذكر عبارة السلام شيء جوهري، لأن الكارثـة الناجمـة عـن الحـرب العالميـة الثانية التي حلت بالبشرية كانت هي الدافع الرئيس لظهور الإعلان العالمي لحقوق الإنسان.

إن القانون الـدولي، بعـد ان كـان ينظـر إليـه بأنـه مجموعـة مـن القواعـد التـي تـنظم العلاقات القانونية بين الدول فقط، فلم يعد هذا الفهـم سـائدا بعـد إصـدار الإعـلان العـالمي لحقوق الإنسان، ولم يعد القانون الدولي يتعلـق بالعلاقـة بـين الـدول، بـل أصـبحت أحكامـه تشمل كيانات اصغر من كيانات الدول كالشركات والأفراد رجالا ونـساءا، بعبـارة أخـرى كـان القانون الدولي نظاما يتعلق بالعلاقة بين الدول، أما الآن فانه نظام يتعلق بالدول نـزولا حتـى الأفراد، ومنها علاقة الفرد بدولته وبالمجتمع الدولي. ان ازدهار أحكام القانون الـدولي الخـاص بحقوق الإنسان كان ولا تزال أهم عامل في هذا التغيير الجـوهري في طبيعـة القـانون الـدولي بحيث يمكن تسميته بعد الآن بقانون العالم بدلا من القانون الدولي.

إن الإعلان العالمي لحقوق الإنسان يحمي الحياة والحريـة والأمـن وكفالـة حريـة الـرأي والتعبير والعقيدة والتنقل والحق في محاكمة عادلة والحق في الملكية وحرية

(1) - نقلا عن د. عبد الحسين شعبان: محاضرات في القانون الدولي الإنساني وحقوق الإنسان، المصدر السابق.

التفكير والضمير والدين والتجمع السلمي، ويحرم العبودية والتوقيف الاعتباطي والسجن من دون محاكمة والتجاوز على الحرمات. كذلك يتضمن الإعلان العالمي تدابير لحماية الحقوق الاقتصادية والاجتماعية والثقافية مثل الحق في العمل والحق في الراحة والاستجمام والحق في مستوى معاشي كاف والحق في التعليم.

وجدير بالذكر، ان الإعلان العالمي لحقوق الإنسان في العقد الأخير من القرن العشرين، نتيجة للتغيرات التي طرأت على العالم لمصلحة روح وجوهر الإعلان العالمي لحقوق الإنسان، فانه قد تمتع بوضع قانوني أكثر أهمية مما كان عليه عند نشأته. وهكذا أصبح الإعلان العالمي لحقوق الإنسان يستخدم على نطاق واسع حتى لدى المحاكم لتقرير مدى التزام الدولة أو الأفراد بحقوق الإنسان التي نص عليها ميثاق منظمة الأمم المتحدة[1].

وبالرغم من ان الإعلان العالمي لحقوق الإنسان لم يكن يقصد به عند تبنيه أن يكون ملزما كجزء من القانون الدولي، فأنه قد صارت له مرجعية أخلاقية وسياسية وقانونية، كميثاق الأمم المتحدة نفسه مثلا. إذ نصت دساتير بعض الدول على مضامين وفحوى بعض من مبادئ الإعلان العالمي، أما البعض الآخر من الدساتير، قد قام بتدوين مبادئ الإعلان العالمي كما هي، كما تم اعتماد تطبيق مبادئ الإعلان العالمي من قبل المحاكم الوطنية والدولية، عليه فأن الإعلان العالمي لم تعد له مرجعية أخلاقية وسياسية فحسب، بل له مرجعية قانونية كسائر الاتفاقات والمعاهدات الدولية، هذا هو رأي بعض أعضاء اللجنة الثالثة للدورة الثالثة للجمعية العامة للأمم المتحدة عند دراستهم للإعلان العالمي لحقوق الإنسان، حيث أنهم يقولون بأن الإعلان أصلا له قوة القانون. ان هذا الرأي يستند على أساس انه بينما يقوم ميثاق الأمم المتحدة بإلزام الأعضاء باحترام حقوق الإنسان، فان الإعلان العالمي يقوم بتدوين تلك الحقوق صراحة وبوضوح، بالتالي فأن الإعلان يمكن ان يستخدم لتفسير وترجمة ميثاق الأمم المتحدة[2].

---

(1) - حقوق الإنسان -1- ميثاق وإعلان وتعهدان دوليان وبروتوكول: بحث منشور في مجلة الحقوقي التي تصدرها جمعية الحقوقيين العراقيين، العدد/1، كانون الأول 2000، ص93-95 .

(2) - حقوق الإنسان -1- ميثاق وإعلان وتعهدان دوليان وبروتوكول: بحث منشور في مجلة الحقوقي، المصدر السابق، ص96.

وهناك إثبات آخر على إن الإعلان العالمي لحقوق الإنسان جزء من القانون الدولي الإنساني أو بما يسمى قانون حقوق الإنسان، إلا وهو القرارات العديدة التي تصدرها الجمعية العامة بين فترة وأخرى لإدانة العديد من أعضائها لخرقهم حقوق الإنسان، وكذلك تأكيداتها المستمرة بأن تلك الدول قد خالفت الإعلان العالمي لحقوق الإنسان وتتهمهم بتهمة خرق قانون حقوق الإنسان والتي يترتب عليها خرق ميثاق الأمم المتحدة. هذا من جهة، ومن جهة أخرى بالنظر للمكانة التي يحتلها الإعلان العالمي لحقوق الإنسان، فقد استلهمت من مبادئه معاهدات ومعايير كثيرة لحقوق الإنسان على المستويين الدولي والإقليمي.

وفي الحقيقة، رغم قيام معظم دول العالم بتدوين مبادئ الإعلان العالمي لحقوق الإنسان في دساتيرها، هناك نسبة كبيرة من سكان العالم محرومون من التمتع بمبادئه.

وفي الختام، وبعد ان انتهينا من بحث حيثيات نص الإعلان العالمي وتكييفه القانوني، سنعرض فيما يلي، **النص الكامل للإعلان العالمي لحقوق الإنسان:**

الإعلان العالمي لحقوق الإنسان*

اعتمد ونشر على الملأ بموجب قرار الجمعية العامة للأمم المتحدة 217 ألف (د-3) المؤرخ في 10 كانون الأول/ديسمبر 1948

الديباجة

لما كان الإقرار بما لجميع أعضاء الأسرة البشرية من كرامة أصيلة فيهم، ومن حقوق متساوية وثابتة، يشكل أساس الحرية والعدل والسلام في العالم، ولما كان تجاهل حقوق الإنسان وازدراؤها قد أفضيا إلى أعمال أثارت بربريتها الضمير الإنساني، وكان البشر قد نادوا ببزوغ عالم يتمتعون فيه بحرية القول والعقيدة وبالتحرر من الخوف والفاقة، كأسمى ما ترنو إليه نفوسهم، ولما كان من الأساسي أن تتمتع حقوق الإنسان بحماية النظام القانوني إذا أريد للبشر ألا يضطروا آخر الأمر إلى اللياذ بالتمرد على

* حقوق الإنسان: مجموعة صكوك دولية، المجلد الأول، الأمم المتحدة، نيويورك، 1993، رقم المبيع-*A.94.XIV* *Vol.1, Part 1*، ص 1. مُتاح على العنوان الإلكتروني التالي:
> *http://www1.umn.edu/humanrts/arabic.htm*>(25.07.(2003.

الطغيان والاضطهاد، ولما كان من الجوهري العمل على تنمية علاقات ودية بين الأمم، ولما كانت شعوب الأمم المتحدة قد أعادت في الميثاق تأكيد إيمانها بحقوق الإنسان الأساسية، وبكرامة الإنسان وقدره، وبتساوي الرجال والنساء في الحقوق، وحزمت أمرها على النهوض بالتقدم الاجتماعي وبتحسين مستويات الحياة في جو من الحرية أفسح، ولما كانت الدول الأعضاء قد تعهدت بالعمل، بالتعاون مع الأمم المتحدة على ضمان تعزيز الاحترام والمراعاة العالميين لحقوق الإنسان وحرياته الأساسية، ولما كان التقاء الجميع على فهم مشترك لهذه الحقوق والحريات أمرا بالغ الضرورة لتمام الوفاء بهذا التعهد، فإن الجمعية العامة تنشر على الملأ هذا الإعلان العالمي لحقوق الإنسان بوصفه المثل الأعلى المشترك الذي ينبغي أن تبلغه كافة الشعوب وكافة الأمم، كيما يسعى جميع أفراد المجتمع وهيئاته، واضعين هذا الإعلان نصب أعينهم على الدوام، ومن خلال التعليم والتربية، إلى توطيد احترام هذه الحقوق والحريات، وكيما يكفلوا، بالتدابير المطردة الوطنية والدولية، الاعتراف العالمي بها ومراعاتها الفعلية، فيما بين شعوب الدول الأعضاء ذاتها وفيما بين شعوب الأقاليم الموضوعة تحت ولايتها على السواء.

المادة (1) : يولد جميع الناس أحراراً ومتساوين في الكرامة والحقوق. وهم قد وهبوا العقل والوجدان وعليهم أن يعاملوا بعضهم بعضاً بروح الإخاء.

المادة (2) : لكل إنسان حق التمتع بجميع الحقوق والحريات المذكورة في هذا الإعلان، دونما تمييز من أي نوع، ولاسيما التمييز بسبب العنصر، أو اللون، أو الجنس، أو اللغة، أو الدين، أو الرأي سياسياً وغير سياسي، أو الأصل الوطني أو الاجتماعي، أو الثروة، أو المولد، أو أي وضع آخر.

وفضلا عن ذلك لا يجوز التمييز علي أساس الوضع السياسي أو القانوني أو الدولي للبلد أو الإقليم الذي ينتمي إليه الشخص، سواء أكان مستقلا أو موضوعا تحت الوصاية أو غير متمتع بالحكم الذاتي أم خاضعا لأي قيد آخر علي سيادته.

المادة (3) : لكل فرد حق في الحياة والحرية وفى الأمان على شخصه.

المادة (4) : لا يجوز استرقاق أحد أو استعباده، ويحظر الرق والاتجار بالرقيق بجميع صورهما.

المادة (5) : لا يجوز إخضاع أحد للتعذيب ولا للمعاملة أو العقوبة القاسية أو اللاإنسانية أو المحاطة بالكرامة.

المادة (6) : لكل إنسان، في كل مكان، الحق بأن يعترف له بالشخصية القانونية.

المادة (7) : الناس جميعا سواء أمام القانون، وهم يتساوون في حق التمتع بحماية القانون دونما تمييز،، كما يتساوون في حق التمتع بالحماية من أي تمييز ينتهك هذا الإعلان ومن أي تحريض على مثل هذا التمييز.

المادة (8) : لكل شخص حق اللجوء إلى المحاكم الوطنية المختصة لإنصافه الفعلي من أية أعمال تنتهك الحقوق الأساسية التي يمنحها إياه الدستور أو القانون.

المادة (9) : لا يجوز اعتقال أي إنسان أو حجزه أو نفيه تعسفا.

المادة (10) : لكل إنسان، على قدم المساواة التامة مع الآخرين، الحق في أن تنظر قضيته محكمة مستقلة ومحايدة، نظراً منصفاً وعلنياً، للفصل في حقوقه والتزاماته وفى أية تهمة جزائية توجه إليه.

المادة (11) : 1. كل شخص متهم بجريمة يعتبر بريئا إلى أن يثبت ارتكابه لها قانونا في محاكمة علنية تكون قد وفرت له فيها جميع الضمانات اللازمة للدفاع عن نفسه.

2. لا يدان أي شخص بجريمة بسبب أي عمل أو امتناع عن عمل لم يكن في حينه يشكل جرما بمقتضى القانون الوطني أو الدولي، كما لا توقع عليه أية عقوبة أشد من تلك التي كانت سارية في الوقت الذي ارتكب فيه الفعل الجرمي.

المادة (12) : لا يجوز تعريض أحد لتدخل تعسفي في حياته الخاصة أو في شؤون أسرته أو مسكنه أو مراسلاته، ولا لحملات تمس شرفه وسمعته. ولكل شخص حق في أن يحميه القانون من مثل ذلك التدخل أو تلك الحملات.

المادة (13) : 1. لكل فرد حق في حرية التنقل وفى اختيار محل إقامته داخل حدود الدولة.

2. لكل فرد حق في مغادرة أي بلد، بما في ذلك بلده، وفى العودة إلى بلده.

المادة (14) : 1. لكل فرد حق التماس ملجأ في بلدان أخرى والتمتع به خلاصا من الاضطهاد.

2. لا يمكن التذرع بهذا الحق إذا كانت هناك ملاحقة ناشئة بالفعل عن جريمة غير سياسية أو عن أعمال تناقض مقاصد الأمم المتحدة ومبادئها.

المادة (15) : 1. لكل فرد حق التمتع بجنسية ما.

2. لا يجوز، تعسفا، حرمان أي شخص من جنسيته ولا من حقه في تغيير جنسيته.

المادة (16) : 1. للرجل والمرأة، متى أدركا سن البلوغ، حق التزوج وتأسيس أسرة، دون أي قيد بسبب العرق أو الجنسية أو الدين. وهما متساويان في الحقوق لدى التزوج وخلال قيام الزواج ولدى انحلاله.

2. لا يعقد الزواج إلا برضا الطرفين المزمع زواجهما رضاء كاملا لا إكراه فيه.

3. الأسرة هي الخلية الطبيعية والأساسية في المجتمع، ولها حق التمتع بحماية المجتمع والدولة.

المادة (17) : 1. لكل فرد حق في التملك، بمفرده أو بالاشتراك مع غيره.

2. لا يجوز تجريد أحد من ملكه تعسفاً.

المادة (18) : لكل شخص حق في حرية الفكر والوجدان والدين، ويشمل هذا الحق حريته في تغيير دينه أو معتقده، وحريته في إظهار دينه

أو معتقده بالتعبد وإقامة الشعائر والممارسة والتعليم، بمفرده أو مع جماعة، وأمام الملأ أو على حده.

المادة (19) : لكل شخص حق التمتع بحرية الرأي والتعبير، ويشمل هذا الحق حريته في اعتناق الآراء دون مضايقة، وفي التماس الأنباء والأفكار وتلقيها ونقلها إلى الآخرين، بأية وسيلة ودونما اعتبار للحدود.

المادة (20) : 1. لكل شخص حق في حرية الاشتراك في الاجتماعات والجمعيات السلمية.

2. لا يجوز إرغام أحد على الانتماء إلى جمعية ما.

المادة (21) : 1. لكل شخص حق المشاركة في إدارة الشئون العامة لبلده، إما مباشرة وإما بواسطة ممثلين يختارون في حرية.

2. لكل شخص، بالتساوي مع الآخرين، حق تقلد الوظائف العامة في بلده.

3. إرادة الشعب هي مناط سلطة الحكم، ويجب أن تتجلى هذه الإرادة من خلال انتخابات نزيهة تجرى دوريا بالاقتراع العام وعلى قدم المساواة بين الناخبين وبالتصويت السري أو بإجراء مكافئ من حيث ضمان حرية التصويت.

المادة (22) : لكل شخص، بوصفه عضوا في المجتمع، حق في الضمان الاجتماعي، ومن حقه أن توفر له، من خلال المجهود القومي والتعاون الدولي، وبما يتفق مع هيكل كل دولة ومواردها، الحقوق الاقتصادية والاجتماعية والثقافية التي لا غنى عنها لكرامته ولتنامي شخصيته في حرية.

المادة (23) : 1. لكل شخص حق العمل، وفي حرية اختيار عمله، وفي شروط عمل عادلة ومرضية، وفي الحماية من البطالة.

2. لجميع الأفراد، دون أي تمييز، الحق في أجر متساو على العمل المتساوي.

3. لكل فرد يعمل حق في مكافأة عادلة ومرضية تكفل له ولأسرته عيشة لائقة بالكرامة البشرية، وتستكمل، عند الاقتضاء، بوسائل أخرى للحماية الاجتماعية.

4. لكل شخص حق إنشاء النقابات مع آخرين والانضمام إليها من أجل حماية مصالحه.

المادة (24) : لكل شخص حق في الراحة وأوقات الفراغ، وخصوصا في تحديد معقول لساعات العمل وفى إجازات دورية مأجورة.

المادة (25) : 1. لكل شخص حق في مستوى معيشة يكفى لضمان الصحة والرفاهة له ولأسرته، وخاصة على صعيد المأكل والملبس والمسكن والعناية الطبية وصعيد الخدمات الاجتماعية الضرورية، وله الحق في ما يأمن به العوائل في حالات البطالة أو المرض أو العجز أو الترمل أو الشيخوخة أو غير ذلك من الظروف الخارجة عن إرادته والتي تفقده أسباب عيشه.

2. للأمومة والطفولة حق في رعاية ومساعدة خاصتين. ولجميع الأطفال حق التمتع بذات الحماية الاجتماعية سواء ولدوا في إطار الزواج أو خارج هذا الإطار.

المادة (26) : 1. لكل شخص حق في التعليم. ويجب أن يوفر التعليم مجانا، على الأقل في مرحلتيه الابتدائية والأساسية. ويكون التعليم الابتدائي إلزاميا. ويكون التعليم الفني والمهني متاحا للعموم. ويكون التعليم العالي متاحا للجميع تبعا لكفاءتهم.

2. يجب أن يستهدف التعليم التنمية الكاملة لشخصية الإنسان وتعزيز احترام حقوق الإنسان والحريات الأساسية. كما يجب أن يعزز التفاهم والتسامح والصداقة بين جميع الأمم

وجميع الفئات العنصرية أو الدينية، وأن يؤيد الأنشطة التي تضطلع بها الأمم المتحدة لحفظ السلام.

3. للآباء، على سبيل الأولوية، حق اختيار نوع التعليم الذي يعطى لأولادهم.

المادة (27) : 1. لكل شخص حق المشاركة الحرة في حياة المجتمع الثقافية، وفى الاستمتاع بالفنون، والإسهام في التقدم العلمي وفى الفوائد التي تنجم عنه.

2. لكل شخص حق في حماية المصالح المعنوية والمادية المترتبة على أي إنتاج علمي أو أدبي أو فني من صنعه.

المادة (28) : لكل فرد حق التمتع بنظام اجتماعي ودولي يمكن أن تتحقق في ظله الحقوق والحريات المنصوص عليها في هذا الإعلان تحققا تاما.

المادة (29) : 1. على كل فرد واجبات إزاء الجماعة، التي فيها وحدها يمكن أن تنمو شخصيته النمو الحر الكامل.

2. لا يخضع أي فرد، في ممارسة حقوقه وحرياته، إلا للقيود التي يقررها القانون مستهدفا منها، حصرا، ضمان الاعتراف الواجب بحقوق وحريات الآخرين واحترامها، والوفاء بالعادل من مقتضيات الفضيلة والنظام العام ورفاه الجميع في مجتمع ديمقراطي.

3. لا يجوز في أي حال أن تمارس هذه الحقوق على نحو يناقض مقاصد الأمم المتحدة ومبادئها.

المادة (30) : ليس في هذا الإعلان أي نص يجوز تأويله على نحو يفيد انطواءه على تخويل أية دولة أو جماعة، أو أي فرد، أي حق في القيام بأي

نشاط أو بأي فعل يهدف إلى هدم أي من الحقوق والحريات المنصوص عليها فيه.

2-3 المعايير الدولية التي لها طبيعة المعاهدة

توجد مجموعة من المعايير الدولية لحقوق الإنسان على شكل معاهدات دولية، وهي ملزمة لدولها الأطراف والتي تقر بعض الحقوق الطبيعية الأساسية للإنسان وتؤكد على احترامها وعدم المساس بها، كما تحتوي على الضمانات الضرورية لكفالة تمتع الأفراد بها. وسوف نشرحها في ثلاث فقرات، نخصص الفقرة الأولى لشرح ميثاق الأمم المتحدة والفقرة الثانية لشرح العهدين الدوليين لعام 1966 العهد الدولي الخاص بالحقوق الاقتصادية والاجتماعية والثقافية والعهد الدولي الخاص بالحقوق المدنية والسياسية والبروتوكولين الاختياريين الملحقين به، وفي الفقرة الثالثة نتكلم عن المعاهدات الأخرى لحقوق الإنسان التي اعتمدتها الأمم المتحدة:

أولا : ميثاق الأمم المتحدة

عندما نشبت الحرب العالمية الثانية صاحبته ممارسات قمعية ولاانسانية من لدن الأنظمة النازية والفاشية، وهذا ما دفع بالخبراء والدبلوماسيين من الولايات المتحدة وبريطانيا والاتحاد السوفيتي السابق والصين بوضع القواعد الأساسية لمنظمة جديدة تسمى منظمة الأمم المتحدة لتحل محل عصبة الأمم التي فشلت في مواجهة الأحداث وانهارت اثر الحرب العالمية الثانية.

في 1945/4/25 اجتمع ممثلون عن خمسين دولة في مؤتمر سان فرانسيسكو، وبعد شهرين من المناقشات، أنهى المؤتمر أعماله في 1945/6/26 حيث وقع ممثلو دول الأمم المشتركة فيه بالإجماع على ميثاق منظمة الأمم المتحدة، وأصبح نافذ المفعول في 1945/10/24 بعد ان تم تصديق أغلبية الدول الموقعة عليه[1].

ان الميثاق يركز على هدفين أساسيين أولهما السلام المبني على المساواة بين الشعوب وحقها في تقرير المصير، وثانيهما كفالة حقوق الإنسان دون أي تمييز على أساس الجنس أو اللغة أو العرق أو الدين. حيث وردت حقوق الإنسان في الميثاق ثماني

---

(1) - د. عصام عطية: القانون الدولي العام، ط/4، منشورات كلية القانون، جامعة بغداد، الشركة العراقية للطباعة الفنية المحدودة، بغداد، 1987، ص185.

مرات، حيث جاء في الفقرة الثانية من ديباجة الميثاق مايلي: (نحن شعوب الأمم المتحدة وقد الينا على أنفسنا ....نؤكد من جديد إيماننا بالحقوق الأساسية للإنسان وبكرامة الفرد وقدره وما للرجال والنساء والأمم كبيرها وصغيرها من حقوق متساوية).

و في المادة/1 الفقرة/3 ضمن مقاصد الأمم المتحدة نصت على: (تعزيز احترام حقوق الإنسان والحريات الأساسية للناس جميعا والتشجيع على ذلك إطلاقا بلا تمييز بسبب الجنس أو اللغة أو الدين ولا تفريق بين الرجال والنساء). أي إن حقوق الإنسان تشكل إحدى المقاصد الأربعة من الميثاق وهي: حفظ السلم والأمن الدوليين وإنماء العلاقات الودية بين الأمم على أساس احترام المبدأ الذي يقضي بالمساواة بين الشعوب وبأن يكون لكل منها حق تقرير مصيرها وحقوق الإنسان وجعل منظمة الأمم المتحدة مرجعا لتنسيق أعمال الأمم وتوجيهها نحو إدراك هذه الأهداف المشتركة.

وجاء في المادة/13: (إن الجمعية العامة تقوم بدراسات وتقدم توصيات لمقاصد منها (الإعانة على تحقيق حقوق الإنسان والحريات الأساسية للناس كافة بلا تمييز)).

وفي المادة/55 أكدت على التعاون الدولي الاقتصادي والاجتماعي ونصت على ما يأتي: (رغبة في تهيئة دواعي الاستقرار والرفاهية الضروريين لقيام علاقات سليمة ودية بين الأمم مؤسسة على احترام المبدأ الذي يقضي بالتسوية في الحقوق بين الشعوب وبأن يكون لكل منها تقرير مصيرها، **تعمل الأمم المتحدة على:**

ا- تحقيق مستوى أعلى للمعيشة وتوفير أسباب الاستخدام المتصل لكل فرد والنهوض بعوامل التطور الاقتصادي والاجتماعي.

ب- تيسير الحلول للمشاكل الدولية الاقتصادية والاجتماعية والصحية وما يتصل بها، وتعزيز التعاون الدولي في أمور الثقافة والتعليم.

ج- يشيع في العالم احترام حقوق الإنسان والحريات الأساسية للجميع بلا تمييز بسبب الجنس او اللغة او الدين ولا تفريق بين الرجال والنساء ومراعاة تلك الحقوق فعلا).

وتعهد جميع الأعضاء في المادة/56 منفردين ومشتركين بالتعاون مع المنظمة لإدراك المقاصد المبينة في المادة/55 مما يضفي طابع الالتزام السياسي والقانوني على الدول للتعاون مع الأمم المتحدة لتحقيق حقوق الإنسان كما وردت في المادة/55.

وجاء في المادة/62 الفقرة/2 ان: (للمجلس ان يقدم توصيات فيما يخص بإشاعة احترام حقوق الإنسان والحريات الأساسية ومراعاتها).

وفي المادة/68 أكدت على ان المجلس الاقتصادي والاجتماعي ينشئ لجانا للشؤون الاقتصادية والاجتماعية ولتعزيز حقوق الإنسان.

ان لجنة حقوق الإنسان هي اللجنة الوحيدة التي ورد ذكرها في الميثاق بين اللجان التي يجوز للمجلس تشكيلها لتأدية وظائفها.

اما في المادة/76 عددت الأهداف الأساسية لنظام الوصاية ومنها (التشجيع على احترام حقوق الإنسان والحريات الاساسية للجميع بلا تمييز).

وهكذا، فان الميثاق بإقراره وتأكيده على حقوق الإنسان كذا مرات، قد شكل خطوة هامة باتجاه نقل قضية حقوق الإنسان من الصعيد الداخلي الى الصعيد الدولي، وما ترتب على ذلك من أبعاد قانونية وسياسية لتدوين حقوق الإنسان في الإعلان العالمي لحقوق الإنسان الذي صدر فيما بعد في 1948/12/10 وبرزت بصورة واضحة أكثر في الحماية الدولية لحقوق الإنسان.

ثانيا : العهدان الدوليان والبروتوكولان الاختياريان

1- الحقوق الاقتصادية والاجتماعية والثقافية

International Covenant on Economic, Social and Cultural Rights

اعتمد العهد الدولي الخاص بالحقوق الاقتصادية والاجتماعية والثقافية بموجب قرار الجمعية العامة للأمم المتحدة رقم (2200) ألف (د – 21) المؤرخ في

1966/12/16 ودخل حيز التنفيذ في 1976/1/3 وفقا للمادة/27 من العهد وذلك بعد الانضمام وإيداع وثيقة التصديق لدى الجمعية العامة.

يحتوي هذا العهد على ديباجة وإحدى وثلاثين مادة. حيث جاء في ديباجتها أن: (الاعتراف بالكرامة المتأصلة في جميع أعضاء الأسرة الدولية وبحقوقهم المتساوية التي لا يمكن التصرف بها، يشكل استنادا للمبادئ المعلنة في ميثاق الأمم المتحدة، أساس الحرية والعدالة والسلام في العالم).

واهم ما تضمنته هذا العهد من الحقوق، هو حق الإنسان في العمل وحق التمتع بشروط عمل عادلة وحق تكوين النقابات وحق في الضمان الاجتماعي وحق التمتع بمستوى معاشي كاف وحق التعليم وحق المشاركة في الحياة الثقافية. **وفيما يلي النص الكامل للعهد الدولي الخاص بالحقوق الاقتصادية والاجتماعية والثقافية:**

العهد الدولي الخاص بالحقوق الاقتصادية والاجتماعية والثقافية*

اعتمد وعرض للتوقيع والتصديق والانضمام بموجب قرار الجمعية العامة للأمم المتحدة 2200 ألف (د-21) المؤرخ في 16 كانون الأول/ديسمبر 1966
تاريخ بدء النفاذ: 3 كانون الثاني/يناير 1976، وفقا للمادة 27

الديباجة

إن الدول الأطراف في هذا العهد، إذ ترى أن الإقرار بما لجميع أعضاء الأسرة البشرية من كرامة أصيلة فيهم، ومن حقوق متساوية وثابتة، يشكل وفقا للمبادئ المعلنة في ميثاق الأمم المتحدة، أساس الحرية والعدل والسلام في العالم، وإذ تقر بأن هذه الحقوق تنبثق من كرامة الإنسان الأصيلة فيه، وإذ تدرك أن السبيل الوحيد لتحقيق المثل الأعلى المتمثل، وفقا للإعلان العالمي لحقوق الإنسان، في أن يكون البشر أحرارا ومتحررين من الخوف والفاقة، هو سبيل تهيئة الظروف الضرورية لتمكين كل إنسان من التمتع بحقوقه الاقتصادية والاجتماعية والثقافية، وكذلك بحقوقه المدنية والسياسية، وإذ تضع في اعتبارها ما على الدول، بمقتضى ميثاق الأمم المتحدة،

* حقوق الإنسان: مجموعة صكوك دولية، المجلد الأول، الأمم المتحدة، نيويورك، 1993، رقم المبيع-A.94.XIV Vol.1, Part 1 ص 11. المتاح على العنوان الإلكتروني التالي:
<http://www1.umn.edu/humanrts/arabic.html>

من التزام بتعزيز الاحترام والمراعاة العالميين لحقوق الإنسان وحرياته، وإذ تدرك أن على الفرد، الذي تترتب عليه واجبات إزاء الأفراد الآخرين وإزاء الجماعة التي ينتمي إليها، مسؤولية السعي إلى تعزيز ومراعاة الحقوق المعترف بها في هذا العهد،

قد اتفقت على المواد التالية:

الجزء الأول

المادة (1) : 1. لجميع الشعوب حق تقرير مصيرها بنفسها، وهى بمقتضى هذا الحق حرة في تقرير مركزها السياسي وحرة في السعي لتحقيق نمائها الاقتصادي والاجتماعي والثقافي.

2. لجميع الشعوب، سعيا وراء أهدافها الخاصة، التصرف الحر بثرواتها ومواردها الطبيعية دونما إخلال بأية التزامات منبثقة عن مقتضيات التعاون الاقتصادي الدولي القائم على مبدأ المنفعة المتبادلة وعن القانون الدولي. ولا يجوز في أية حال حرمان أي شعب من أسباب عيشه الخاصة.

3. على الدول الأطراف في هذا العهد، بما فيها الدول التي تقع على عاتقها مسئولية إدارة الأقاليم غير المتمتعة بالحكم الذاتي والأقاليم المشمولة بالوصاية أن تعمل على تحقيق حق تقرير المصير وأن تحترم هذا الحق، وفقا لأحكام ميثاق الأمم المتحدة.

الجزء الثاني

المادة (2) : 1. تتعهد كل دولة طرف في هذا العهد بأن تتخذ، بمفردها وعن طريق المساعدة والتعاون الدوليين، ولا سيما على الصعيدين الاقتصادي والتقني، وبأقصى ما تسمح به مواردها المتاحة، ما يلزم من خطوات لضمان التمتع الفعلي التدريجي بالحقوق المعترف بها في هذا العهد، سالكة إلى ذلك جميع السبل المناسبة، وخصوصا سبيل اعتماد تدابير تشريعية.

2. تتعهد الدول الأطراف في هذا العهد بأن تضمن جعل ممارسة الحقوق المنصوص عليها في هذا العهد بريئة من أي تمييز بسبب

العرق، أو اللون، أو الجنس، أو اللغة، أو الدين، أو الرأي سياسيا أو غير سياسي، أو الأصل القومي أو الاجتماعي، أو الثروة، أو النسب، أو غير ذلك من الأسباب.

3. للبلدان النامية أن تقرر، مع إيلاء المراعاة الواجبة لحقوق الإنسان ولاقتصادها القومي، إلى أي مدى ستضمن الحقوق الاقتصادية المعترف بها في هذا العهد لغير المواطنين.

المادة (3) : تتعهد الدول الأطراف في هذا العهد بضمان مساواة الذكور والإناث في حق التمتع بجميع الحقوق الاقتصادية والاجتماعية والثقافية المنصوص عليها في هذا العهد.

المادة (4) : تقر الدول الأطراف في هذا العهد بأنه ليس للدولة أن تخضع التمتع بالحقوق التي تضمنها طبقا لهذا العهد إلا للحدود المقررة في القانون، وإلا بمقدار توافق ذلك مع طبيعة هذه الحقوق، وشريطة أن يكون هدفها الوحيد تعزيز الرفاه العام في مجتمع ديمقراطي.

المادة (5) : 1. ليس في هذا العهد أي حكم يجوز تأويله على نحو يفيد انطواءه على أي حق لأي دولة أو جماعة أو شخص بمباشرة أي نشاط أو القيام بأي فعل يهدف إلى إهدار أي من الحقوق أو الحريات المعترف بها في هذا العهد أو إلي فرض قيود عليها أوسع من تلك المنصوص عليها فيه.

2. لا يقبل فرض أي قيد أو أي تضييق على أي من حقوق الإنسان الأساسية المعترف بها أو النافذة في أي بلد تطبيقا لقوانين أو اتفاقيات أو أنظمة أو أعراف، بذريعة كون هذا العهد لا يعترف بها أو كون اعترافه بها أضيق مدي.

الجزء الثالث

المادة (6) : 1. تعترف الدول الأطراف في هذا العهد بالحق في العمل، الذي يشمل ما لكل شخص من حق في أن تتاح له إمكانية كسب رزقه بعمل

يختاره أو يقبله بحرية، وتقوم باتخاذ تدابير مناسبة لصون هذا الحق.

2. يجب أن تشمل التدابير التي تتخذها كل من الدول الأطراف في هذا العهد لتأمين الممارسة الكاملة لهذا الحق توفير برامج التوجيه والتدريب التقنيين والمهنيين، والأخذ في هذا المجال بسياسات وتقنيات من شأنها تحقيق تنمية اقتصادية واجتماعية وثقافية مطردة وعمالة كاملة ومنتجة في ظل شروط تضمن للفرد الحريات السياسية والاقتصادية الأساسية.

المادة (7) : تعترف الدول الأطراف في هذا العهد بما لكل شخص من حق في التمتع بشروط عمل عادلة ومرضية تكفل على الخصوص:

(أ) مكافأة توفر لجميع العمال، كحد أدنى:

(1) أجر منصفا، ومكافأة متساوية لدى تساوى قيمة العمل دون أي تمييز، على أن يضمن للمرأة خصوصا تمتعها بشروط عمل لا تكون أدنى من تلك التي يتمتع بها الرجل، وتقاضيها أجرا يساوى أجر الرجل لدى تساوى العمل.

(2) عيشا كريما لهم ولأسرهم طبقا لأحكام هذا العهد.

(ب) ظروف عمل تكفل السلامة والصحة.

(ج) تساوى الجميع في فرص الترقية، داخل عملهم، إلى مرتبة أعلى ملائمة، دون إخضاع ذلك إلا لاعتباري الأقدمية والكفاءة.

(د) الاستراحة وأوقات الفراغ، والتحديد المعقول لساعات العمل، والإجازات الدورية المدفوعة الأجر، وكذلك المكافأة عن أيام العطل الرسمية.

المادة (8) : 1. تتعهد الدول الأطراف في هذا العهد بكفالة ما يلي:

(أ) حق كل شخص في تكوين النقابات بالاشتراك مع آخرين وفى الانضمام إلى النقابة التي يختارها، دونما قيد سوى قواعد

المنظمة المعنية، على قصد تعزيز مصالحه الاقتصادية والاجتماعية وحمايتها. ولا يجوز إخضاع ممارسة هذا الحق لأية قيود غير تلك التي ينص عليها القانون وتشكل تدابير ضرورية، في مجتمع ديمقراطي، لصيانة الأمن القومي أو النظام العام أو لحماية حقوق الآخرين وحرياتهم.

(ب) حق النقابات في إنشاء اتحادات أو اتحادات حلافية قومية، وحق هذه الاتحادات في تكوين منظمات نقابية دولية أو الانضمام إليها.

(ج) حق النقابات في ممارسة نشاطها بحرية، دونما قيود غير تلك التي ينص عليها القانون وتشكل تدابير ضرورية، في مجتمع ديمقراطي، لصيانة الأمن القومي أو النظام العام أو لحماية حقوق الآخرين وحرياتهم.

(د) حق الإضراب، شريطة ممارسته وفقا لقوانين البلد المعنى.

2. لا تحول هذه المادة دون إخضاع أفراد القوات المسلحة أو رجال الشرطة أو موظفي الإدارات الحكومية لقيود قانونية على ممارستهم لهذه الحقوق.

3. ليس في هذه المادة أي حكم يجيز للدول الأطراف في اتفاقية منظمة العمل الدولية المعقودة 1948 بشأن الحرية النقابية وحماية حق التنظيم النقابي اتخاذ تدابير تشريعية من شأنها، أو تطبيق القانون بطريقة من شأنها، أن تخل بالضمانات المنصوص عليها في تلك الاتفاقية.

المادة (9) : تقر الدول الأطراف في هذا العهد بحق كل شخص في الضمان الاجتماعي، بما في ذلك التأمينات الاجتماعية.

المادة (10) : تقر الدول الأطراف في هذا العهد بما يلي:

وجوب منح الأسرة، التي تشكل الوحدة الجماعية الطبيعية والأساسية في المجتمع، أكبر قدر ممكن من الحماية والمساعدة،

وخصوصا لتكوين هذه الأسرة وطوال نهوضها بمسؤولية تعهد وتربية الأولاد الذين تعيلهم. ويجب أن ينعقد الزواج برضا الطرفين المزمع زواجهما رضاء لا إكراه فيه.

وجوب توفير حماية خاصة للأمهات خلال فترة معقولة قبل الوضع وبعده. وينبغي منح الأمهات العاملات، أثناء الفترة المذكورة، إجازة مأجورة أو إجازة مصحوبة باستحقاقات ضمان اجتماعي كافية.

وجوب اتخاذ تدابير حماية ومساعدة خاصة لصالح جميع الأطفال والمراهقين، دون أي تمييز بسبب النسب أو غيره من الظروف. ومن الواجب حماية الأطفال والمراهقين من الاستغلال الاقتصادي والاجتماعي. كما يجب جعل القانون يعاقب على استخدامهم في أي عمل من شأنه إفساد أخلاقهم أو الأضرار بصحتهم أو تهديد حياتهم بالخطر أو إلحاق الأذى بنموهم الطبيعي. وعلى الدول أيضا أن تفرض حدودا دنيا للسن يحظر القانون استخدام الصغار الذين لم يبلغوها في عمل مأجور ويعاقب عليه.

المادة (11) : 1. تقر الدول الأطراف في هذا العهد بحق كل شخص في مستوى معيشي كاف له ولأسرته، يوفر ما يفي بحاجتهم من الغذاء والكساء والمأوى، وبحقه في تحسين متواصل لظروفه المعيشية. وتتعهد الدول الأطراف باتخاذ التدابير اللازمة لإنفاذ هذا الحق، معترفة في هذا الصدد بالأهمية الأساسية للتعاون الدولي القائم على الارتضاء الحر.

2. واعترافا بما لكل إنسان من حق أساسي في التحرر من الجوع، تقوم الدول الأطراف في هذا العهد، بمجهودها الفردي وعن طريق التعاون الدولي، باتخاذ التدابير المشتملة على برامج محددة ملموسة واللازمة لما يلي:

(أ) تحسين طرق إنتاج وحفظ وتوزيع المواد الغذائية، عن طريق الاستفادة الكلية من المعارف التقنية والعلمية، ونشر المعرفة بمبادئ التغذية، واستحداث أو إصلاح نظم توزيع الأراضي الزراعية بطريقة تكفل أفضل إنماء للموارد الطبيعية وانتفاع بها.

(ب) تأمين توزيع الموارد الغذائية العالمية توزيعا عادلا في ضوء الاحتياجات، يضع في اعتباره المشاكل التي تواجهها البلدان المستوردة للأغذية والمصدرة لها على السواء.

المادة (12) : 1. تقر الدول الأطراف في هذا العهد بحق كل إنسان في التمتع بأعلى مستوى من الصحة الجسمية والعقلية يمكن بلوغه.

2. تشمل التدابير التي يتعين على الدول الأطراف في هذا العهد اتخاذها لتأمين الممارسة الكاملة لهذا الحق، تلك التدابير اللازمة من أجل:

(أ) العمل علي خفض معدل موتي المواليد ومعدل وفيات الرضع وتأمين نمو الطفل نموا صحيا.

(ب) تحسين جميع جوانب الصحة البيئية والصناعية.

(ج) الوقاية من الأمراض الوبائية والمتوطنة والمهنية والأمراض الأخرى وعلاجها ومكافحتها.

(د) تهيئة ظروف من شأنها تأمين الخدمات الطبية والعناية الطبية للجميع في حالة المرض.

المادة (13) : 1. تقر الدول الأطراف في هذا العهد بحق كل فرد في التربية والتعليم. وهى متفقة على وجوب توجيه التربية والتعليم إلى الإنماء الكامل للشخصية الإنسانية والحس بكرامتها وإلى توطيد احترام حقوق الإنسان والحريات الأساسية. وهى متفقة كذلك على وجوب استهداف التربية والتعليم تمكين كل شخص من الإسهام بدور نافع في مجتمع حر، وتوثيق أواصر التفاهم والتسامح

والصداقة بين جميع الأمم ومختلف الفئات السلالية أو الإثنية أو الدينية، ودعم الأنشطة التي تقوم بها الأمم المتحدة من أجل صيانة السلم.

2. وتقر الدول الأطراف في هذا العهد بأن ضمان الممارسة التامة لهذا الحق يتطلب:

(أ) جعل التعليم الابتدائي إلزاميا وإتاحته مجانا للجميع.

(ب) تعميم التعليم الثانوي بمختلف أنواعه، بما في ذلك التعليم الثانوي التقني والمهني، وجعله متاحا للجميع بكافة الوسائل المناسبة ولا سيما بالأخذ تدريجيا بمجانية التعليم.

(ج) جعل التعليم العالي متاحا للجميع على قدم المساواة، تبعا للكفاءة، بكافة الوسائل المناسبة ولا سيما بالأخذ تدريجيا بمجانية التعليم.

(د) تشجيع التربية الأساسية أو تكثيفها، إلى أبعد مدى ممكن، من أجل الأشخاص الذين لم يتلقوا أو لم يستكملوا الدراسة الابتدائية.

(هـ) العمل بنشاط على إنماء شبكة مدرسية على جميع المستويات، وإنشاء نظام منح واف بالغرض، ومواصلة تحسين الأوضاع المادية للعاملين في التدريس.

3. تتعهد الدول الأطراف في هذا العهد باحترام حرية الآباء، أو الأوصياء عند وجودهم، في اختيار مدارس لأولادهم غير المدارس الحكومية، شريطة تقيد المدارس المختارة بمعايير التعليم الدنيا التي قد تفرضها أو تقرها الدولة، وبتامين تربية أولئك الأولاد دينيا وخلقيا وفقا لقناعاتهم الخاصة.

4. ليس في أي من أحكام هذه المادة ما يجوز تأويله على نحو يفيد مساسه بحرية الأفراد والهيئات في إنشاء وإدارة مؤسسات تعليمية، شريطة التقيد دائما بالمبادئ المنصوص عليها في

الفقرة 1 من هذه المادة ورهنا بخضوع التعليم الذي توفره هذه المؤسسات لما قد تفرضه الدولة من معايير دنيا.

المادة (14) : تتعهد كل دولة طرف في هذا العهد، لم تكن بعد وهى تصبح طرفا فيه قد تمكنت من كفالة إلزامية ومجانية التعليم الابتدائي في بلدها ذاته أو في أقاليم أخرى تحت ولايتها، بالقيام، في غضون سنتين، بوضع واعتماد خطة عمل مفصلة للتنفيذ الفعلي والتدريجي لمبدأ إلزامية التعليم ومجانيته للجميع، خلال عدد معقول من السنين يحدد في الخطة.

المادة (15) : 1. تقر الدول الأطراف في هذا العهد بأن من حق كل فرد:

(أ) أن يشارك في الحياة الثقافية.

(ب) أن يتمتع بفوائد التقدم العلمي وبتطبيقاته.

(ج) أن يفيد من حماية المصالح المعنوية والمادية الناجمة عن أي أثر علمي أو فني أو أدبي من صنعه.

2. تراعى الدول الأطراف في هذا العهد، في التدابير التي ستتخذها بغية ضمان الممارسة الكاملة لهذا الحق، أن تشمل تلك التدابير التي تتطلبها صيانة العلم والثقافة وإنماؤهما وإشاعتهما.

3. تتعهد الدول الأطراف في هذا العهد باحترام الحرية التي لا غنى عنها للبحث العلمي والنشاط الإبداعي.

4. تقر الدول الأطراف في هذا العهد بالفوائد التي تجنى من تشجيع وإنماء الاتصال والتعاون الدوليين في ميداني العلم والثقافة.

الجزء الرابع

المادة (16) : 1. تتعهد الدول الأطراف في هذا العهد بأن تقدم، طبقا لأحكام هذا الجزء من العهد، تقارير عن التدابير التي تكون قد اتخذتها وعن التقدم المحرز على طريق ضمان احترام الحقوق المعترف بها في هذا العهد.

2. (أ) توجه جميع التقارير إلى الأمين العام للأمم المتحدة، الذي يحيل نسخا منها إلى المجلس الاقتصادي والاجتماعي للنظر فيها طبقا لأحكام هذا العهد.

(ب) على الأمين العام للأمم المتحدة أيضا، حين يكون التقرير الوارد من دولة طرف في هذا العهد، أو جزء أو أكثر منه، متصلا بأية مسألة تدخل في اختصاص إحدى الوكالات المتخصصة وفقا لصكها التأسيسى وتكون الدولة الطرف المذكورة عضوا في هذه الوكالة، أن يحيل إلى تلك الوكالة نسخة من هذا التقرير أو من جزئه المتصل بتلك المسألة، حسب الحالة.

المادة (17) : 1. تقدم الدول الأطراف في هذا العهد تقاريرها على مراحل، طبقا لبرنامج يضعه المجلس الاقتصادي والاجتماعي في غضون سنة من بدء نفاذ هذا العهد، بعد التشاور مع الدول الأطراف والوكالات المتخصصة المعنية.

2. للدولة أن تشير في تقريرها إلى العوامل والمصاعب التي تمنعها من الإيفاء الكامل بالالتزامات المنصوص عليها في هذا العهد.

3. حين يكون قد سبق للدولة الطرف في هذا العهد أن أرسلت المعلومات المناسبة إلى الأمم المتحدة أو إلي إحدى الوكالات المتخصصة، ينتفي لزوم تكرار إيراد هذه المعلومات ويكتفي بإحالة دقيقة إلى المعلومات المذكورة.

المادة (18) : للمجلس الاقتصادي والاجتماعي، بمقتضى المسؤوليات التي عهد بها إليه ميثاق الأمم المتحدة في ميدان حقوق الإنسان والحريات الأساسية، أن يعقد مع الوكالات المتخصصة ما يلزم من ترتيبات كيما توافيه بتقارير عن التقدم المحرز في تأمين الامتثال لما يدخل في نطاق أنشطتها من أحكام هذا العهد، ويمكن تضمين هذه التقارير تفاصيل عن المقررات والتوصيات التي اعتمدتها الأجهزة المختصة في هذه الوكالات بشأن هذا الامتثال.

المادة (19) : للمجلس الاقتصادي والاجتماعي أن يحيل إلى لجنة حقوق الإنسان التقارير المتعلقة بحقوق الإنسان والمقدمة من الدول عملا بالمادتين 16 و 17 ومن الوكالات المتخصصة عملا بالمادة 18، لدراستها ووضع توصية عامة بشأنها أو لإطلاعها عليها عند الاقتضاء.

المادة (20) : للدول الأطراف في هذا العهد وللوكالات المتخصصة المعنية أن تقدم إلى المجلس الاقتصادي والاجتماعي ملاحظات على أية توصية عامة تبديها لجنة حقوق الإنسان بمقتضى المادة 19 أو على أي إيماء إلى توصية عامة يرد في أي تقرير للجنة حقوق الإنسان أو في أية وثيقة تتضمن إحالة إليها.

المادة (21) : للمجلس الاقتصادي والاجتماعي أن يقدم إلى الجمعية العامة بين الحين والحين تقارير تشتمل على توصيات ذات طبيعة عامة وموجز للمعلومات الواردة من الدول الأطراف في هذا العهد ومن الوكالات المتخصصة حول التدابير المتخذة والتقدم المحرز على طريق كفالة تعميم مراعاة الحقوق المعترف بها في هذا العهد.

المادة (22) : للمجلس الاقتصادي والاجتماعي استرعاء نظر هيئات الأمم المتحدة الأخرى وهيئاتها الفرعية، والوكالات المتخصصة المعنية بتوفير المساعدة التقنية، إلى أية مسائل تنشا عن التقارير المشار إليها في هذا الجزء من هذا العهد ويمكن أن تساعد تلك الأجهزة كل في مجال اختصاصه، على تكوين رأى حول ملاءمة اتخاذ تدابير دولية من شأنها أن تساعد على فعالية التنفيذ التدريجي لهذا العهد.

المادة (23) : توافق الدول الأطراف في هذا العهد على أن التدابير الدولية الرامية إلى كفالة إعمال الحقوق المعترف بها في هذا العهد تشمل عقد اتفاقيات، واعتماد توصيات، وتوفير مساعدة تقنية، وعقد

اجتماعات إقليمية واجتماعات تقنية بغية التشاور والدراسة تنظم بالاشتراك مع الحكومات المعنية.

المادة (24) : ليس في أي حكم من أحكام هذا العهد ما يجوز تأويله على نحو يفيد مساسه بأحكام ميثاق الأمم المتحدة وأحكام دساتير الوكالات المتخصصة التي تحدد مسؤوليات مختلف هيئات الأمم المتحدة والوكالات المتخصصة بصدد المسائل التي يتناولها هذا العهد.

المادة (25) : ليس في أي حكم من أحكام هذا العهد ما يجوز تأويله علي نحو يفيد مساسه بما لجميع الشعوب من حق أصيل في حرية التمتع والانتفاع كليا بثرواتها ومواردها الطبيعية.

الجزء الخامس

المادة (26) : 1. هذا العهد متاح لتوقيع أية دولة عضو في الأمم المتحدة أو عضو في أية وكالة من وكالاتها المتخصصة وأية دولة طرف في النظام الأساسي لمحكمة العدل الدولية، وأية دولة أخرى دعتها الجمعية العامة للأمم المتحدة إلى أن تصبح طرفا في هذا العهد.

2. يخضع هذا العهد للتصديق. وتودع صكوك التصديق لدى الأمين العام للأمم المتحدة.

3. يتاح الانضمام إلى هذا العهد لأية دولة من الدول المشار إليها في الفقرة 1 من هذه المادة.

4. يقع الانضمام بإيداع صك انضمام لدى الأمين العام للأمم المتحدة.

5. يخطر الأمين العام للأمم المتحدة جميع الدول التي تكون قد وقعت هذا العهد أو انضمت إليه بإيداع كل صك من صكوك التصديق أو الانضمام.

المادة (27) : 1. يبدأ نفاذ هذا العهد بعد ثلاثة أشهر من تاريخ إيداع صك الانضمام أو التصديق الخامس والثلاثين لدى الأمين العام للأمم المتحدة.

2. أما الدول التي تصدق هذا العهد أو تنضم إليه بعد أن يكون قد تم إيداع صك التصديق أو الانضمام الخامس والثلاثين فيبدأ نفاذ هذا العهد إزاء كل منها بعد ثلاثة أشهر من تاريخ إيداعها صك تصديقها أو صك انضمامها.

المادة (28) : تنطبق أحكام هذا العهد، دون أي قيد أو استثناء، على جميع الوحدات التي تتشكل منها الدول الاتحادية.

المادة (29) : 1. لأية دولة طرف في هذا العهد أن تقترح تعديلا عليه تودع نصه لدى الأمين العام للأمم المتحدة. وعلى إثر ذلك يقوم الأمين العام بإبلاغ الدول الأطراف في هذا العهد بأية تعديلات مقترحة، طالبا إليها إعلامه عما إذا كانت تحبذ عقد مؤتمر للدول الأطراف للنظر في تلك المقترحات والتصويت عليها. فإذا حبذ عقد المؤتمر ثلث الدول الأطراف على الأقل عقده الأمين العام برعاية الأمم المتحدة. وأي تعديل تعتمده أغلبية الدول الأطراف الحاضرة والمقترعة في المؤتمر يعرض على الجمعية العامة للأمم المتحدة لإقراره.

2. يبدأ نفاذ التعديلات متى أقرتها الجمعية العامة للأمم المتحدة وقبلتها أغلبية ثلثي الدول الأطراف في هذا العهد، وفقا للإجراءات الدستورية لدى كل منها.

3. متى بدأ نفاذ هذه التعديلات تصبح ملزمة للدول الأطراف التي قبلتها، بينما تظل الدول الأطراف الأخرى ملزمة بأحكام هذا العهد وبأي تعديل سابق تكون قد قبلته.

المادة (30) : بصرف النظر عن الإخطارات التي تتم بمقتضى الفقرة 5 من المادة 26، يخطر الأمين العام للأمم المتحدة جميع الدول المشار إليها في الفقرة 1 من المادة المذكورة بما يلي:

(أ)التوقيعات والتصديقات والانضمامات التي تتم طبقا للمادة 26

(ب) تاريخ بدء نفاذ هذا العهد بمقتضى المادة 27، وتاريخ بدء نفاذ أية تعديلات تتم في إطار المادة:29.

المادة (31) : 1. يودع هذا العهد، الذي تتساوى في الحجية نصوصه بالأسبانية والإنكليزية والروسية والصينية والفرنسية، في محفوظات الأمم المتحدة.

2. يقوم الأمين العام للأمم المتحدة بإرسال صور مصدقة من هذا العهد إلى جميع الدول المشار إليها في المادة 26.

2- العهد الدولي الخاص بالحقوق المدنية والسياسية والروتوكولان الاختياريان الملحقان به

أ- العهد الدولي الخاص بالحقوق المدنية والسياسية

International Covenant on Civil and Political Rights

اعتمد العهد الدولي الخاص بالحقوق المدنية والسياسية بموجب قرار الجمعية العامة للأمم المتحدة رقم (2200) ألف (د – 21) في 1966/12/16 ودخل حيز التنفيذ في 1976/3/23 وفقا للمادة/49 من العهد وذلك بعد انضمام وإيداع وثيقة التصديق لدى الجمعية العامة.

يحتوي هذا العهد على ديباجة و53 مادة. تتطابق ديباجة هذا العهد مع ديباجة العهد الدولي الخاص بالحقوق الاقتصادية والاجتماعية والثقافية مؤكدة التزام الدول استنادا الى ميثاق الأمم المتحدة بتعزيز حقوق الإنسان.

ان هذا العهد، قد قنن الحقوق المدنية والسياسية على شكل معاهدة ملزمة للدول التي تصدق عليها او تنظم لها، ووسع من نطاق الحقوق المدنية والسياسية المذكورة في الإعلان العالمي لحقوق الإنسان.

واهم ما تضمنه هذا العهد من الحقوق والحريات، هو الحق في الحياة والحق في حرية الرأي والتعبير وحرية التفكير والوجدان والضمير وحق التنقل والمساواة أمام القانون والمساواة امام القضاء وحق التجمع وتكوين الجمعيات والانضمام إليها والحق في المحاكمة العادلة وتحريم التعذيب والتوقيف التعسفي وسؤ المعاملة. **وفيما يلي النص الكامل للعهد الدولي الخاص بالحقوق المدنية والسيايبة:**

العهد الدولي الخاص بالحقوق المدنية والسياسية*

اعتمد وعرض للتوقيع والتصديق والانضمام بموجب قرار الجمعية العامة للأمم المتحدة 2200 ألف (د-21) المؤرخ في 16 كانون/ديسمبر1966 تاريخ بدء النفاذ: 23 آذار/مارس 1976، وفقا لأحكام المادة 49

الديباجة

إن الدول الأطراف في هذا العهد، إذ ترى أن الإقرار بما لجميع أعضاء الأسرة البشرية من كرامة أصيلة فيهم، ومن حقوق متساوية وثابتة، يشكل، وفقا للمبادئ المعلنة في ميثاق الأمم المتحدة، أساس الحرية والعدل والسلام في العالم، وإذ تقر بأن هذه الحقوق تنبثق من كرامة الإنسان الأصيلة فيه، وإذ تدرك أن السبيل الوحيد لتحقيق المثل الأعلى المتمثل، وفقا للإعلان العالمي لحقوق الإنسان، في أن يكون البشر أحرارا، ومتمتعين بالحرية المدنية والسياسية ومتحررين من الخوف والفاقة، هو سبيل تهيئة الظروف لتمكين كل إنسان من التمتع بحقوقه المدنية والسياسية، وكذلك بحقوقه الاقتصادية والاجتماعية والثقافية، وإذ تضع في اعتبارها ما على الدول، بمقتضى ميثاق الأمم المتحدة، من الالتزام بتعزيز الاحترام والمراعاة العالميين لحقوق الإنسان وحرياته،

---

* حقوق الإنسان: مجموعة صكوك دولية، المجلد الأول، الأمم المتحدة، نيويورك، 1993، رقم المبيع-A.94.XIV Vol.1, Part 1، ص 28. المتاح على العنوان الإلكتروني التالي:

<http://www1.umn.edu/humanrts/arabic.html>

وإذ تدرك أن على الفرد، الذي تترتب عليه واجبات إزاء الأفراد الآخرين وإزاء الجماعة التي ينتمي إليها، مسئولية السعي إلى تعزيز ومراعاة الحقوق المعترف بها في هذا العهد، قد اتفقت على المواد التالية:

الجزء الأول

المادة (1) : 1. لجميع الشعوب حق تقرير مصيرها بنفسها. وهى بمقتضى هذا الحق حرة في تقرير مركزها السياسي وحرة في السعي لتحقيق نمائها الاقتصادي والاجتماعي والثقافي.

2. لجميع الشعوب، سعيا وراء أهدافها الخاصة، التصرف الحر بثرواتها ومواردها الطبيعية دونما إخلال بأية التزامات منبثقة عن مقتضيات التعاون الاقتصادي الدولي القائم على مبدأ المنفعة المتبادلة وعن القانون الدولي. ولا يجوز في أية حال حرمان أي شعب من أسباب عيشه الخاصة.

3. على الدول الأطراف في هذا العهد، بما فيها الدول التي تقع على عاتقها مسئولية إدارة الأقاليم غير المتمتعة بالحكم الذاتي والأقاليم المشمولة بالوصاية، أن تعمل على تحقيق حق تقرير المصير وأن تحترم هذا الحق، وفقا لأحكام ميثاق الأمم المتحدة.

الجزء الثاني

المادة (2) : 1. تتعهد كل دولة طرف في هذا العهد باحترام الحقوق المعترف بها فيه، وبكفالة هذه الحقوق لجميع الأفراد الموجودين في إقليمها والداخلين في ولايتها، دون أي تمييز بسبب العرق، أو اللون، أو الجنس، أو اللغة، أو الدين، أو الرأي سياسيا أو غير سياسي، أو الأصل القومي أو الاجتماعي، أو الثروة، أو النسب، أو غير ذلك من الأسباب.

2. تتعهد كل دولة طرف في هذا العهد، إذا كانت تدابيرها التشريعية أو غير التشريعية القائمة لا تكفل فعلا إعمال الحقوق المعترف بها في هذا العهد، بأن تتخذ، طبقا لإجراءاتها الدستورية ولأحكام هذا العهد، ما يكون ضروريا لهذا الإعمال من تدابير تشريعية أو غير تشريعية.

3. تتعهد كل دولة طرف في هذا العهد:

(أ) بأن تكفل توفير سبيل فعال للتظلم لأي شخص انتهكت حقوقه أو حرياته المعترف بها في هذا العهد، حتى لو صدر الانتهاك عن أشخاص يتصرفون بصفتهم الرسمية.

(ب) بأن تكفل لكل متظلم على هذا النحو أن تبت في الحقوق التي يدعى انتهاكها سلطة قضائية أو إدارية أو تشريعية مختصة، أو أية سلطة مختصة أخرى ينص عليها نظام الدولة القانوني، وبأن تنمى إمكانيات التظلم القضائي.

(ج) بأن تكفل قيام السلطات المختصة بإنفاذ الأحكام الصادرة لمصالح المتظلمين.

المادة (3) : تتعهد الدول الأطراف في هذا العهد بكفالة تساوى الرجال والنساء في حق التمتع بجميع الحقوق المدنية والسياسية المنصوص عليها في هذا العهد.

المادة (4): 1. في حالات الطوارئ الاستثنائية التي تتهدد حياة الأمة، والمعلن قيامها رسميا، يجوز للدول الأطراف في هذا العهد أن تتخذ، في أضيق الحدود التي يتطلبها الوضع، تدابير لا تتقيد بالالتزامات المترتبة عليها بمقتضى هذا العهد، شريطة عدم منافاة هذه التدابير للالتزامات الأخرى المترتبة عليها بمقتضى القانون الدولي وعدم انطوائها على تمييز يكون مبرره الوحيد هو العرق أو اللون أو الجنس أو اللغة أو الدين أو الأصل الاجتماعي.

2. لا يجيز هذا النص أي مخالفة لأحكام المواد 6 و 7 و 8 (الفقرتين 1 و 2) و 11 و 15 و 16 و 18.

3. على أية دولة طرف في هذا العهد استخدمت حق عدم التقيد أن تعلم الدول الأطراف الأخرى فورا، عن طريق الأمين العام للأمم المتحدة، بالأحكام التي لم تتقيد بها وبالأسباب التي دفعتها إلى

ذلك. وعليها، في التاريخ الذي تنهى فيه عدم التقيد، أن تعلمها بذلك مرة أخرى وبالطريق ذاته.

المادة (5) : 1. ليس في هذا العهد أي حكم يجوز تأويله على نحو يفيد انطواءه على حق لأي دولة أو جماعة أو شخص بمباشرة أي نشاط أو القيام بأي عمل يهدف إلى إهدار أي من الحقوق أو الحريات المعترف بها في هذا العهد أو إلى فرض قيود عليها أوسع من تلك المنصوص عليها فيه.

2. لا يقبل فرض أي قيد أو أي تضييق على أي من حقوق الإنسان الأساسية المعترف أو النافذة في أي بلد تطبيقا لقوانين أو اتفاقيات أو أنظمة أو أعراف، بذريعة كون هذا العهد لا يعترف بها أو كون اعترفه بها في أضيق مدى.

الجزء الثالث

المادة (6) : 1. الحق في الحياة حق ملازم لكل إنسان. وعلى القانون أن يحمى هذا الحق. ولا يجوز حرمان أحد من حياته تعسفا.

2. لا يجوز في البلدان التي لم تلغ عقوبة الإعدام، أن يحكم بهذه العقوبة إلا جزاء على أشد الجرائم خطورة وفقا للتشريع النافذ وقت ارتكاب الجريمة وغير المخالف لأحكام هذا العهد ولاتفاقية منع جريمة الإبادة الجماعية والمعاقبة عليها. ولا يجوز تطبيق هذه العقوبة إلا بمقتضى حكم نهائي صادر عن محكمة مختصة.

3. حين يكون الحرمان من الحياة جريمة من جرائم الإبادة الجماعية، يكون من المفهوم بداهة أنه ليس في هذه المادة أي نص يجيز لأية دولة طرف في هذا العهد أن تعفى نفسها على أية صورة من أي التزام يكون مترتبا عليها بمقتضى أحكام اتفاقية منع جريمة الإبادة الجماعية والمعاقبة عليها.

4. لأي شخص حكم عليه بالإعدام حق التماس العفو الخاص أو إبدال العقوبة. ويجوز منح العفو العام أو العفو الخاص أو إبدال عقوبة الإعدام في جميع الحالات.

5. لا يجوز الحكم بعقوبة الإعدام على جرائم ارتكبها أشخاص دون الثامنة عشرة من العمر، ولا تنفيذ هذه العقوبة بالحوامل.

6. ليس في هذه المادة أي حكم يجوز التذرع به لتأخير أو منع إلغاء عقوبة الإعدام من قبل أية دولة طرف في هذا العهد.

المادة (7) : لا يجوز إخضاع أحد للتعذيب ولا للمعاملة أو العقوبة القاسية أو اللاإنسانية أو الحاطة بالكرامة. وعلى وجه الخصوص، لا يجوز إجراء أية تجربة طبية أو علمية على أحد دون رضاه الحر.

المادة (8) : 1. لا يجوز استرقاق أحد، ويحظر الرق والاتجار بالرقيق بجميع صورهما.

2. لا يجوز إخضاع أحد للعبودية.

3. (أ) لا يجوز إكراه أحد على السخرة أو العمل الإلزامي.

(ب) لا يجوز تأويل الفقرة 3 (أ) على نحو يجعلها، في البلدان التي تجيز المعاقبة على بعض الجرائم بالسجن مع الأشغال الشاقة، تمنع تنفيذ عقوبة الأشغال الشاقة المحكوم بها من قبل محكمة مختصة.

(ج) لأغراض هذه الفقرة، لا يشمل تعبير (السخرة أو العمل الإلزامي)

(1) الأعمال والخدمات غير المقصودة بالفقرة الفرعية (ب) والتي تفرض عادة على الشخص المعتقل نتيجة قرار قضائي أو قانوني أو الذي صدر بحقه مثل هذا القرار ثم أفرج عنه بصورة مشروطة.

(2) أية خدمة ذات طابع عسكري، وكذلك، في البلدان التي تعترف بحق الاستنكاف الضميري عن الخدمة العسكرية، أية خدمة قومية يفرضها القانون على المستنكفين ضميريا.

(3) أية خدمة تفرض في حالات الطوارئ أو النكبات التي تهدد حياة الجماعة أو رفاهها.

(4) أية أعمال أو خدمات تشكل جزءا من الالتزامات المدنية العادية.

المادة (9) :

1. لكل فرد حق في الحرية وفى الأمان على شخصه. ولا يجوز توقيف أحد أو اعتقاله تعسفا. ولا يجوز حرمان أحد من حريته إلا لأسباب ينص عليها القانون وطبقا للإجراء المقرر فيه.

2. يتوجب إبلاغ أي شخص يتم توقيفه بأسباب هذا التوقيف لدى وقوعه كما يتوجب إبلاغه سريعا بأية تهمة توجه إليه.

3. يقدم الموقوف أو المعتقل بتهمة جزائية، سريعا، إلى أحد القضاة أو أحد الموظفين المخولين قانونا مباشرة وظائف قضائية، ويكون من حقه أن يحاكم خلال مهلة معقولة أو أن يفرج عنه. ولا يجوز أن يكون احتجاز الأشخاص الذين ينتظرون المحاكمة هو القاعدة العامة، ولكن من الجائز تعليق الإفراج عنهم على ضمانات لكفالة حضورهم المحاكمة في أية مرحلة أخرى من مراحل الإجراءات القضائية، ولكفالة تنفيذ الحكم عند الاقتضاء.

4. لكل شخص حرم من حريته بالتوقيف أو الاعتقال حق الرجوع إلى محكمة لكي تفصل هذه المحكمة دون إبطاء في قانونية اعتقاله، وتأمر بالإفراج عنه إذا كان الاعتقال غير قانوني.

5. لكل شخص كان ضحية توقيف أو اعتقال غير قانوني حق في الحصول على تعويض.

المادة (10) : 1. يعامل جميع المحرومين من حريتهم معاملة إنسانية، تحترم الكرامة الأصيلة في الشخص الإنساني.

2. (أ) يفصل الأشخاص المتهمون عن الأشخاص المدانين، إلا في ظروف استثنائية، ويكونون محل معاملة على حدة تتفق مع كونهم أشخاصا غير مدانين،

(ب) يفصل المتهمون الأحداث عن البالغين. ويحالون بالسرعة الممكنة إلى القضاء للفصل في قضاياهم.

3. يجب أن يراعى نظام السجون معاملة المسجونين معاملة يكون هدفها الأساسي إصلاحهم وإعادة تأهيلهم الاجتماعي. ويفصل المذنبون الأحداث عن البالغين ويعاملون معاملة تتفق مع سنهم ومركزهم القانوني.

المادة (11) : لا يجوز سجن أي إنسان لمجرد عجزه عن الوفاء بالتزام تعاقدي.

المادة (12) : 1. لكل فرد يوجد على نحو قانوني داخل إقليم دولة ما حق حرية التنقل فيه وحرية اختيار مكان إقامته.

2. لكل فرد حرية مغادرة أي بلد، بما في ذلك بلده.

3. لا يجوز تقييد الحقوق المذكورة أعلاه بأية قيود غير تلك التي ينص عليها القانون، وتكون ضرورية لحماية الأمن القومي أو النظام العام أو الصحة العامة أو الآداب العامة أو حقوق الآخرين وحرياتهم، وتكون متمشية مع الحقوق الأخرى المعترف بها في هذا العهد.

4. لا يجوز حرمان أحد، تعسفا، من حق الدخول إلى بلده.

المادة (13) : لا يجوز إبعاد الأجنبي المقيم بصفة قانونية في إقليم دولة طرف في هذا العهد إلا تنفيذا لقرار اتخذ وفقا للقانون، وبعد تمكينه، ما لم تحتم دواعي الأمن القومي خلاف ذلك، من عرض الأسباب المؤيدة لعدم إبعاده ومن عرض قضيته على السلطة المختصة أو

على من تعينه أو تعينهم خصيصا لذلك، ومن توكيل من يمثله أمامها أو أمامهم.

المادة (14) : 1. الناس جميعا سواء أمام القضاء. ومن حق كل فرد، لدى الفصل في أية تهمة جزائية توجه إليه أو في حقوقه والتزاماته في أية دعوى مدنية، أن تكون قضيته محل نظر منصف وعلني من قبل محكمة مختصة مستقلة حيادية، منشأة بحكم القانون. ويجوز منع الصحافة والجمهور من حضور المحاكمة كلها أو بعضها لدواعي الآداب العامة أو النظام العام أو الأمن القومي في مجتمع ديمقراطي، أو لمقتضيات حرمة الحياة الخاصة لأطراف الدعوى، أو في أدنى الحدود التي تراها المحكمة ضرورية حين يكون من شأن العلنية في بعض الظروف الاستثنائية أن تخل بمصلحة العدالة، إلا أن أي حكم في قضية جزائية أو دعوى مدنية يجب أن يصدر بصورة علنية، إلا إذا كان الأمر يتصل بأحداث تقتضي مصلحتهم خلاف ذلك أو كانت الدعوى تتناول خلافات بين زوجين أو تتعلق بالوصاية على أطفال.

2. من حق كل متهم بارتكاب جريمة أن يعتبر بريئا إلى أن يثبت عليه الجرم قانونا.

3. لكل متهم بجريمة أن يتمتع أثناء النظر في قضيته، وعلى قدم المساواة التامة، **بالضمانات الدنيا التالية:**

(أ) أن يتم إعلامه سريعا وبالتفصيل، وفي لغة يفهمها، بطبيعة التهمة الموجهة إليه وأسبابها.

(ب) أن يعطى من الوقت ومن التسهيلات ما يكفيه لإعداد دفاعه وللاتصال بمحام يختاره بنفسه.

(ج) أن يحاكم دون تأخير لا مبرر له.

(د) أن يحاكم حضوريا وأن يدافع عن نفسه بشخصه أو بواسطة محام من اختياره، وأن يخطر بحقه في وجود من يدافع عنه إذا

لم يكن له من يدافع عنه، وأن تزوده المحكمة حكما، كلما كانت مصلحة العدالة تقتضي ذلك، بمحام يدافع عنه، دون تحميله أجرا على ذلك إذا كان لا يملك الوسائل الكافية لدفع هذا الأجر.

(هـ) أن يناقش شهود الاتهام، بنفسه أو من قبل غيره، وأن يحصل على الموافقة على استدعاء شهود النفي بذات الشروط المطبقة في حالة شهود الاتهام.

(د) أن يزود مجانا بترجمان إذا كان لا يفهم أو لا يتكلم اللغة المستخدمة في المحكمة.

(ز) ألا يكره على الشهادة ضد نفسه أو على الاعتراف بذنب.

4. في حالة الأحداث، يراعى جعل الإجراءات مناسبة لسنهم ومواتية لضرورة العمل على إعادة تأهيلهم.

5. لكل شخص أدين بجريمة حق اللجوء، وفقا للقانون، إلى محكمة أعلى كيما تعيد النظر في قرار إدانته وفى العقاب الذي حكم به عليه.

6. حين يكون قد صدر على شخص ما حكم نهائي يدينه بجريمة، ثم ابطل هذا الحكم أو صدر عفو خاص عنه على أساس واقعة جديدة أو واقعة حديثة الاكتشاف تحمل الدليل القاطع على وقوع خطأ قضائي، يتوجب تعويض الشخص الذي أنزل به العقاب نتيجة تلك الإدانة، وفقا للقانون، ما لم يثبت أنه يتحمل، كليا أو جزئيا، المسئولية عن عدم إفشاء الواقعة المجهولة في الوقت المناسب.

7. لا يجوز تعريض أحد مجددا للمحاكمة أو للعقاب على جريمة سبق أن أدين بها أو برئ منها بحكم نهائي وفقا للقانون وللإجراءات الجنائية في كل بلد.

المادة (15) : 1. لا يدان أي فرد بأية جريمة بسبب فعل أو امتناع عن فعل لم يكن وقت ارتكابه يشكل جريمة بمقتضى القانون الوطني أو

الدولي. كما لا يجوز فرض أية عقوبة تكون أشد من تلك التي كانت سارية المفعول في الوقت الذي ارتكبت فيه الجريمة. وإذا حدث، بعد ارتكاب الجريمة أن صدر قانون ينص على عقوبة أخف، وجب أن يستفيد مرتكب الجريمة من هذا التخفيف.

2. ليس في هذه المادة من شيء يخل بمحاكمة ومعاقبة أي شخص على أي فعل أو امتناع عن فعل كان حين ارتكابه يشكل جرما وفقا لمبادئ القانون العامة التي تعترف بها جماعة الأمم.

المادة (16) : لكل إنسان، في كل مكان، الحق بأن يعترف له بالشخصية القانونية.

المادة (17) : 1. لا يحوز تعريض أي شخص، على نحو تعسفي أو غير قانوني، لتدخل في خصوصياته أو شؤون أسرته أو بيته أو مراسلاته، ولا لأي حملات غير قانونية تمس شرفه أو سمعته.

2. من حق كل شخص أن يحميه القانون من مثل هذا التدخل أو المساس.

المادة (18) : 1. لكل إنسان حق في حرية الفكر والوجدان والدين. ويشمل ذلك حريته في أن يدين بدين ما، وحريته في اعتناق أي دين أو معتقد يختاره، وحريته في إظهار دينه أو معتقده بالتعبد وإقامة الشعائر والممارسة والتعليم، بمفرده أو مع جماعة، وأمام الملأ أو على حدة.

2. لا يجوز تعريض أحد لإكراه من شأنه أن يخل بحريته في أن يدين بدين ما، أو بحريته في اعتناق أي دين أو معتقد يختاره.

3. لا يجوز إخضاع حرية الإنسان في إظهار دينه أو معتقده، إلا للقيود التي يفرضها القانون والتي تكون ضرورية لحماية السلامة العامة أو النظام العام أو الصحة العامة أو الآداب العامة أو حقوق الآخرين وحرياتهم الأساسية.

4. تتعهد الدول الأطراف في هذا العهد باحترام حرية الآباء، أو الأوصياء عند وجودهم، في تأمين تربية أولادهم دينيا وخلقيا وفقا لقناعاتهم الخاصة.

المادة (19) : 1. لكل إنسان حق في اعتناق آراء دون مضايقة.

2. لكل إنسان حق في حرية التعبير. ويشمل هذا الحق حريته في التماس مختلف ضروب المعلومات والأفكار وتلقيها ونقلها إلى آخرين دونما اعتبار للحدود، سواء على شكل مكتوب أو مطبوع أو في قالب فني أو بأية وسيلة أخرى يختارها.

3. تستتبع ممارسة الحقوق المنصوص عليها في الفقرة 2 من هذه المادة واجبات ومسئوليات خاصة. وعلى ذلك يجوز إخضاعها لبعض القيود ولكن شريطة أن تكون محددة بنص القانون وأن تكون ضرورية:

(أ) لاحترام حقوق الآخرين أو سمعتهم.

(ب) لحماية الأمن القومي أو النظام العام أو الصحة العامة أو الآداب العامة.

المادة (20): 1 . تحظر بالقانون أية دعاية للحرب.

2. تحظر بالقانون أية دعوة إلى الكراهية القومية أو العنصرية أو الدينية تشكل تحريضا على التمييز أو العداوة أو العنف.

المادة (21) : يكون الحق في التجمع السلمي معترفا به. ولا يجوز أن يوضع من القيود على ممارسة هذا الحق إلا تلك التي تفرض طبقا للقانون وتشكل تدابير ضرورية، في مجتمع ديمقراطي، لصيانة الأمن القومي أو السلامة العامة أو النظام العام أو حماية الصحة العامة أو الآداب العامة أو حماية حقوق الآخرين وحرياتهم.

المادة (22) : 1. لكل فرد حق في حرية تكوين الجمعيات مع آخرين، بما في ذلك حق إنشاء النقابات والانضمام إليها من أجل حماية مصالحه.

2. لا يجوز أن يوضع من القيود على ممارسة هذا الحق إلا تلك التي ينص عليها القانون وتشكل تدابير ضرورية، في مجتمع ديمقراطي، لصيانة الأمن القومي أو السلامة العامة أو النظام العام أو حماية الصحة العامة أو الآداب العامة أو حماية حقوق الآخرين وحرياتهم. ولا تحول هذه المادة دون إخضاع أفراد القوات المسلحة ورجال الشرطة لقيود قانونية على ممارسة هذا الحق.

3. ليس في هذه المادة أي حكم يجيز للدول الأطراف في اتفاقية منظمة العمل الدولية المعقودة عام 1948 بشأن الحرية النقابية وحماية حق التنظيم النقابي اتخاذ تدابير تشريعية من شأنها، أو تطبيق القانون بطريقة من شأنها أن تخل بالضمانات المنصوص عليها في تلك الاتفاقية.

المادة (23) : 1. الأسرة هي الوحدة الجماعية الطبيعية والأساسية في المجتمع، ولها حق التمتع بحماية المجتمع والدولة.

2. يكون للرجل والمرأة، ابتداء من بلوغ سن الزواج، حق معترف به في التزوج وتأسيس أسرة.

3. لا ينعقد أي زواج إلا برضا الطرفين المزمع زواجهما رضاء كاملا لا إكراه فيه.

4. تتخذ الدول الأطراف في هذا العهد التدابير المناسبة لكفالة تساوى حقوق الزوجين وواجباتهما لدى التزوج وخلال قيام الزواج ولدى انحلاله. وفى حالة الانحلال يتوجب اتخاذ تدابير لكفالة الحماية الضرورية للأولاد في حالة وجودهم.

المادة (24) : 1. يكون لكل ولد، دون أي تمييز بسبب العرق أو اللون أو الجنس أو اللغة أو الدين أو الأصل القومي أو الاجتماعي أو الثروة أو النسب، حق على أسرته وعلى المجتمع وعلى الدولة في اتخاذ تدابير الحماية التي يقتضيها كونه قاصرا.

2. يتوجب تسجيل كل طفل فور ولادته ويعطى اسما يعرف به.

3. لكل طفل حق في اكتساب جنسية.

المادة (25) : يكون لكل مواطن، دون أي وجه من وجوه التمييز المذكور في المادة 2، الحقوق التالية، التي يجب أن تتاح له فرصة التمتع بها دون قيود غير معقولة:

(أ) أن يشارك في إدارة الشؤون العامة، إما مباشرة وإما بواسطة ممثلين يختارون في حرية.

(ب) أن ينتخب وينتخب، في انتخابات نزيهة تجرى دوريا بالاقتراع العام وعلى قدم المساواة بين الناخبين وبالتصويت السري، تضمن التعبير الحر عن إرادة الناخبين.

(ج) أن تتاح له، على قدم المساواة عموما مع سواه، فرصة تقلد الوظائف العامة في بلده.

المادة (26) : الناس جميعا سواء أمام القانون ويتمتعون دون أي تمييز بحق متساو في التمتع بحمايته. وفي هذا الصدد يجب أن يحظر القانون أي تمييز وأن يكفل لجميع الأشخاص على السواء حماية فعالة من التمييز لأي سبب، كالعرق أو اللون أو الجنس أو اللغة أو الدين أو الرأي سياسيا أو غير سياسي، أو الأصل القومي أو الاجتماعي، أو الثروة أو النسب، أو غير ذلك من الأسباب.

المادة (27) : لا يجوز، في الدول التي توجد فيها أقليات اثنية أو دينية أو لغوية، أن يحرم الأشخاص المنتسبون إلى الأقليات المذكورة من حق التمتع بثقافتهم الخاصة أو المجاهرة بدينهم وإقامة شعائره أو استخدام لغتهم، بالاشتراك مع الأعضاء الآخرين في جماعتهم.

الجزء الرابع

المادة (28) : 1. تنشأ لجنة تسمى اللجنة المعنية بحقوق الإنسان (يشار إليها في ما يلي من هذا العهد باسم -اللجنة-). وتتألف هذه اللجنة من ثمانية عشر عضوا وتتولى الوظائف المنصوص عليها في ما يلي.

2. تؤلف اللجنة من مواطنين في الدول الأطراف في هذا العهد، من ذوي المناقب الخلقية الرفيعة المشهود لهم بالاختصاص في ميدان حقوق الإنسان، مع مراعاة أن من المفيد أن يشرك فيها بعض الأشخاص ذوى الخبرة القانونية.

3. يتم تعيين أعضاء اللجنة بالانتخاب، وهم يعملون فيها بصفتهم الشخصية.

المادة (29) : 1. يتم انتخاب أعضاء اللجنة بالاقتراع السري من قائمة أشخاص تتوفر لهم المؤهلات المنصوص عليها في المادة 28، تكون قد رشحتهم لهذا الغرض الدول الأطراف في هذا العهد.

2. لكل دولة طرف في هذا العهد أن ترشح، من بين مواطنيها حصرا، شخصين على الأكثر.

3. يجوز ترشيح الشخص ذاته أكثر من مرة.

المادة (30) : 1. يجرى الانتخاب الأول في موعد لا يتجاوز ستة أشهر من بدء نفاذ هذا العهد.

2. قبل أربعة أشهر على الأقل من موعد أي انتخاب لعضوية اللجنة، في غير حالة الانتخاب لملء مقعد يعلن شغوره وفقا للمادة 34، يوجه الأمين العام للأمم المتحدة إلى الدول الأطراف في هذا العهد رسالة خطية يدعوها فيها إلى تقديم أسماء مرشحيها لعضوية اللجنة في غضون ثلاثة أشهر.

3. يضع الأمين العام للأمم المتحدة قائمة أسماء جميع المرشحين على هذا النحو، بالترتيب الألفبائي ومع ذكر الدولة الطرف التي

رشحت كلا منهم، ويبلغ هذه القائمة إلى الدول الأطراف في هذا العهد قبل شهر على الأقل من موعد كل انتخاب.

4. ينتخب أعضاء اللجنة في اجتماع تعقده الدول الأطراف في هذا العهد، بدعوة من الأمين العام للأمم المتحدة، في مقر الأمم المتحدة. وفى هذا الاجتماع، الذي يكتمل النصاب فيه بحضور ممثلي ثلثي الدول الأطراف في هذا العهد، يفوز في الانتخاب لعضوية اللجنة أولئك المرشحون الذين حصلوا على أكبر عدد من الأصوات وعلى الأغلبية المطلقة لأصوات ممثلي الدول الأطراف الحاضرين والمقترعين.

المادة (31) : 1. لا يجوز أن تضم اللجنة أكثر من واحد من مواطني أية دولة.

2. يراعى، في الانتخاب لعضوية اللجنة، عدالة التوزيع الجغرافي وتمثيل مختلف الحضارات والنظم القانونية الرئيسية.

المادة (32) : 1. يكون انتخاب أعضاء اللجنة لولاية مدتها أربع سنوات. ويجوز أن يعاد انتخابهم إذا أعيد ترشيحهم. إلا أن ولاية تسعة من الأعضاء المنتخبين في الانتخاب الأول تنقضي بانتهاء سنتين، ويتم تحديد هؤلاء الأعضاء التسعة فورا انتهاء الانتخاب الأول، بأن يقوم رئيس الاجتماع المنصوص عليه في الفقرة 4 من المادة 30 باختيار أسمائهم بالقرعة.

2. تتم الانتخابات اللازمة عند انقضاء الولاية وفقا للمواد السالفة من هذا الجزء من هذا العهد.

المادة (33) : 1. إذا انقطع عضو في اللجنة، بإجماع رأى أعضائها الآخرين، عن الاضطلاع بوظائفه لأي سبب غير الغياب ذي الطابع المؤقت، يقوم رئيس اللجنة بإبلاغ ذلك إلى الأمين العام للأمم المتحدة، فيعلن الأمين العام حينئذ شغور مقعد ذلك العضو.

2. في حالة وفاة أو استقالة عضو في اللجنة، يقوم رئيس اللجنة فورا بإبلاغ ذلك إلى الأمين العام للأمم المتحدة، فيعلن الأمين

العام حينئذ شغور مقعد ذلك العضو ابتداء من تاريخ وفاته أو من تاريخ نفاذ استقالته.

المادة (34) : 1. إذا أعلن شغور مقعد ما طبقا للمادة 33، وكانت ولاية العضو الذي يجب استبداله لا تنقضي خلال الأشهر الستة التي تلي إعلان شغور مقعده، يقوم الأمين العام للأمم المتحدة بإبلاغ ذلك إلى الدول الأطراف في هذا العهد، التي يجوز لها، خلال مهلة شهرين، تقديم مرشحين وفقا للمادة 29 من أجل ملء المقعد الشاغر.

2. يضع الأمين العام للأمم المتحدة قائمة بأسماء جميع المرشحين على هذا النحو، بالترتيب الألفبائي، ويبلغ هذه القائمة إلى الدول الأطراف في هذا العهد. وإذ ذاك يجرى الانتخاب اللازم لملء المقعد الشاغر طبقا للأحكام الخاصة بذلك من هذا الجزء من هذا العهد.

3. كل عضو في اللجنة انتخب لملء مقعد أعلن شغوره طبقا للمادة 33 يتولى مهام العضوية فيها حتى انقضاء ما تبقى من مدة ولاية العضو الذي شغر مقعده في اللجنة بمقتضى أحكام تلك المادة.

المادة (35) : يتقاضى أعضاء اللجنة، بموافقة الجمعية العامة للأمم المتحدة، مكافآت تقتطع من موارد الأمم المتحدة بالشروط التي تقررها الجمعية العامة، مع أخذ أهمية مسؤوليات اللجنة بعين الاعتبار.

المادة (36) : يوفر الأمين العام للأمم المتحدة ما يلزم من موظفين وتسهيلات لتمكين اللجنة من الاضطلاع الفعال بالوظائف المنوطة بها بمقتضى هذا العهد.

المادة (37) : 1. يتولى الأمين العام للأمم المتحدة دعوة اللجنة إلى عقد اجتماعها الأول في مقر الأمم المتحدة.

2. بعد اجتماعها الأول، تجتمع اللجنة في الأوقات التي ينص عليها نظامها الداخلي.

3. تعقد اللجنة اجتماعاتها عادة في مقر الأمم المتحدة أو في مكتب الأمم المتحدة بجنيف.

المادة (38) : يقوم كل عضو من أعضاء اللجنة، قبل توليه منصبه، بالتعهد رسميا، في جلسة علنية، بالقيام بمهامه بكل تجرد ونزاهة.

المادة (39) : 1. تنتخب اللجنة أعضاء مكتبها لمدة سنتين. ويجوز أن يعاد انتخابهم.

2. تتولى اللجنة بنفسها وضع نظامها الداخلي، ولكن مع تضمينه الحكمين التاليين:

(أ) يكتمل النصاب بحضور اثني عشر عضوا.

(ب) تتخذ قرارات اللجنة بأغلبية أصوات أعضائها الحاضرين.

المادة (40) : 1. تتعهد الدول الأطراف في هذا العهد بتقديم تقارير عن التدابير التي اتخذتها والتي تمثل إعمالا للحقوق المعترف بها فيه، وعن التقدم المحرز في التمتع بهذه الحقوق، وذلك:

(أ) خلال سنة من بدء نفاذ هذا العهد إزاء الدول الأطراف المعنية.

(ب) ثم كلما طلبت اللجنة إليها ذلك.

2. تقدم جميع التقارير إلى الأمين العام للأمم المتحدة، الذي يحيلها إلى اللجنة للنظر فيها. ويشار وجوبا في التقارير المقدمة إلى ما قد يقوم من عوامل ومصاعب تؤثر في تنفيذ أحكام هذا العهد.

3. للأمين العام للأمم المتحدة، بعد التشاور مع اللجنة، أن يحيل إلى الوكالات المتخصصة المعنية نسخا من أية أجزاء من تلك التقارير قد تدخل في ميدان اختصاصها.

4. تقوم اللجنة بدراسة التقارير المقدمة من الدول الأطراف في هذا العهد. وعليها أن توافي هذه الدول بما تضعه هي من تقارير، وبأية ملاحظات عامة تستنسبها. وللجنة أيضا أن توافي المجلس

الاقتصادي والاجتماعي بتلك الملاحظات مشفوعة بنسخ من التقارير التي تلقتها من الدول الأطراف في هذا العهد.

5. للدول الأطراف في هذا العهد أن تقدم إلى اللجنة تعليقات على أية ملاحظات تكون قد أبديت وفقا للفقرة 4 من هذه المادة.

المادة (41) : 1. لكل دولة طرف في هذا العهد أن تعلن في أي حين، بمقتضى أحكام هذه المادة، أنها تعترف باختصاص اللجنة في استلام ودراسة بلاغات تنطوي على ادعاء دولة طرف بأن دولة طرفا أخرى لا تفي بالالتزامات التي يرتبها عليها هذا العهد. ولا يجوز استلام ودراسة البلاغات المقدمة بموجب هذه المادة إلا إذا صدرت عن دولة طرف أصدرت إعلانا تعترف فيه، في ما يخصها، باختصاص اللجنة. ولا يجوز أن تستلم اللجنة أي بلاغ يهم دولة طرفا لم تصدر الإعلان المذكور. ويطبق الإجراء التالي على البلاغات التي يتم استلامها وفق لأحكام هذه المادة:

(أ) إذا رأت دولة طرف في هذا العهد إن دولة طرفا أخرى تتخلف عن تطبيق أحكام هذا العهد، كان لها أن تسترعى نظر هذه الدولة الطرف، في بلاغ خطى، إلى هذا التخلف. وعلى الدولة المستلمة أن تقوم، خلال ثلاثة أشهر من استلامها البلاغ، بإيداع الدولة المرسلة، خطيا، تفسيرا أو بيانا من أي نوع آخر يوضح المسألة وينبغي أن ينطوي، بقدر ما يكون ذلك ممكنا ومفيدا، على إشارة إلى القواعد الإجرائية وطرق التظلم المحلية التي استخدمت أو الجاري استخدامها أو التي لا تزال متاحة.

(ب) فإذا لم تنته المسألة إلى تسوية ترضى كلتا الدولتين الطرفين المعنيتين خلال ستة أشهر من تاريخ تلقى الدولة المستلمة للبلاغ الأول، كان لكل منهما أن تحيل المسألة إلى اللجنة بإشعار توجهه إليها وإلى الدولة الأخرى.

(ج) لا يجوز أن تنظر اللجنة في المسألة المحالة إليها إلا بعد الإستيثاق من أن جميع طرق التظلم المحلية المتاحة قد لجئ إليها واستنفدت، طبقا لمبادئ القانون الدولي المعترف بها عموما. ولا تنطبق هذه القاعدة في الحالات التي تستغرق فيها إجراءات التظلم مددا تتجاوز الحدود المعقولة.

(د) تعقد اللجنة جلسات سرية لدى بحثها الرسائل في إطار هذه المادة.

(هـ) على اللجنة، مع مراعاة أحكام الفقرة الفرعية (ج)، أن تعرض مساعيها الحميدة على الدولتين الطرفين المعنيتين، بغية الوصول إلى حل ودي للمسألة على أساس احترام حقوق الإنسان والحريات الأساسية المعترف بها في هذا العهد.

(و) للجنة، في أية مسألة محالة إليها، أن تدعو الدولتين الطرفين المعنيتين المشار إليهما في الفقرة الفرعية (ب) إلى تزويدها بأية معلومات ذات شأن.

(ز) للدولتين الطرفين المعنيتين المشار إليهما في الفقرة الفرعية (ب) حق إيفاد من يمثلها لدى اللجنة أثناء نظرها في المسألة، وحق تقديم الملاحظات شفويا و/أو خطيا.

(ح) على اللجنة أن تقدم تقريرا في غضون اثني عشر شهرا من تاريخ تلقيها الإشعار المنصوص عليه في الفقرة الفرعية (ب):

(1) فإذا تم التوصل إلى حل يتفق مع شروط الفقرة الفرعية (هـ)، قصرت اللجنة تقريرها على عرض موجز للوقائع وللحل الذي تم التوصل إليه. (2) وإذا لم يتم التوصل إلى حل يتفق مع شروط الفقرة الفرعية (هـ)، قصرت اللجنة تقريرها على عرض موجز للوقائع، وضمت إلى التقرير المذكرات الخطية ومحضر البيانات الشفوية المقدمة من الدولتين الطرفين المعنيتين. ويجب، في كل مسألة، إبلاغ التقرير إلى الدولتين الطرفين المعنيتين.

2. يبدأ نفاذ أحكام هذه المادة متى قامت عشر من الدول الإطراف في هذا العهد بإصدار إعلانات في إطار الفقرة (1) من هذه المادة. وتقوم الدول الأطراف بإيداع هذه الإعلانات لدى الأمين العام للأمم المتحدة، الذي يرسل صورا منها إلى الدول الأطراف الأخرى. وللدولة الطرف أن تسحب إعلانها في أي وقت بإخطار ترسله إلى الأمين العام. ولا يخل هذا السحب بالنظر في أية مسألة تكون موضوع بلاغ سبق إرساله في إطار هذه المادة، ولا يجوز استلام أي بلاغ جديد من أية دولة طرف بعد تلقى الأمين العام الإخطار بسحب الإعلان، ما لم تكن الدولة الطرف المعنية قد أصدرت إعلانا جديدا.

المادة (42) : 1. (أ) إذا تعذر على اللجنة حل مسألة أحيلت إليها وفقا للمادة 41 حلا مرضيا للدولتين الطرفين المعنيتين جاز لها، بعد الحصول مسبقا على موافقة الدولتين الطرفين المعنيتين، تعيين هيئة توفيق خاصة (يشار إليها في ما يلي باسم -الهيئة-) تضع مساعيها الحميدة تحت تصرف الدولتين الطرفين المعنيتين بغية التوصل إلى حل ودي للمسألة على أساس احترام أحكام هذا العهد.

(ب) تتألف الهيئة من خمسة أشخاص تقبلهم الدولتان الطرفان المعنيتان. فإذا تعذر وصول الدولتين الطرفين المعنيتين خلال ثلاثة أشهر إلى اتفاق على تكوين الهيئة كلها أو بعضها، تنتخب اللجنة من بين أعضائها بالاقتراع السري وبأكثرية الثلثين، أعضاء الهيئة الذين لم يتفق عليهم.

2. يعمل أعضاء الهيئة بصفتهم الشخصية. ويجب ألا يكونوا من مواطني الدولتين الطرفين المعنيتين أو من مواطني أية دولة لا تكون طرفا في هذا العهد أو تكون طرفا فيه ولكنها لم تصدر الإعلان المنصوص عليه في المادة 41.

3. تنتخب الهيئة رئيسها وتضع النظام الداخلي الخاص بها.

4. تعقد اجتماعات الهيئة عادة في مقر الأمم المتحدة أو في مكتب الأمم المتحدة بجنيف. ولكن من الجائز عقدها في أي مكان مناسب آخر قد تعينه الهيئة بالتشاور مع الأمين العام للأمم المتحدة ومع الدولتين الطرفين المعنيتين.

5. تقوم الأمانة المنصوص عليها في المادة 36 بتوفير خدماتها، أيضا، للهيئات المعينة بمقتضى هذه المادة.

6. توضع المعلومات التي تلقتها اللجنة وجمعتها تحت تصرف الهيئة، التي يجوز لها أن تطلب إلي الدولتين الطرفين المعنيتين تزويدها بأية معلومات أخرى ذات صلة بالموضوع.

7. تقوم الهيئة، بعد استنفادها نظر المسألة من مختلف جوانبها، ولكن على أي حال خلال مهلة لا تتجاوز اثني عشر شهرا بعد عرض المسألة عليها، بتقديم تقرير إلى رئيس اللجنة لإنهائه إلى الدولتين الطرفين المعنيتين:

(أ) فإذا تعذر على الهيئة إنجاز النظر في المسألة خلال اثني عشر شهرا، قصرت تقريرها على إشارة موجزة إلى المرحلة التي بلغتها من هذا النظر.

(ب) وإذا تم التوصل إلى حل ودي للمسألة على أساس احترام حقوق الإنسان المعترف بها في هذا العهد، قصرت الهيئة تقريرها على عرض موجز للوقائع وللحل الذي تم التوصل إليه.

(ج) وإذا لم يتم التوصل إلى حل تتوفر له شروط الفقرة الفرعية (ب)، ضمنت الهيئة تقريرها النتائج التي وصلت إليها بشأن جميع المسائل الوقائعية المتصلة بالقضية المختلف عليها بين الدولتين الطرفين المعنيتين، وآراءها بشأن إمكانيات حل المسألة حلا وديا، وكذلك المذكرات

الخطية ومحضر الملاحظات الشفوية المقدمة من الدولتين الطرفين المعنيتين.

(د) إذا قدمت الهيئة تقريرها في إطار الفقرة (ج) تقوم الدولتان الطرفان المعنيتان، في غضون ثلاثة أشهر من استلامهما هذا التقرير، بإبلاغ رئيس اللجنة هل تقبلان أم لا تقبلان مضامين تقرير الهيئة.

8. لا تخل أحكام هذه المادة بالمسؤوليات المنوطة باللجنة في المادة 41.

9. تتقاسم الدولتان الطرفان المعنيتان بالتساوي سداد جميع نفقات أعضاء اللجنة على أساس تقديرات يضعها الأمين العام للأمم المتحدة.

10. للأمين العام للأمم المتحدة سلطة القيام، عند اللزوم، بدفع نفقات أعضاء الهيئة قبل سداد الدولتين الطرفين المعنيتين لها وفقا للفقرة 9 من هذه المادة.

المادة (43) : يكون لأعضاء اللجنة ولأعضاء هيئات التوفيق الخاصة الذين قد يعينون وفقا للمادة 42، حق التمتع بالتسهيلات والامتيازات والحصانات المقررة للخبراء المكلفين بمهمة للأمم المتحدة المنصوص عليها في الفروع التي تتناول ذلك من اتفاقية امتيازات الأمم المتحدة وحصاناتها.

المادة (44) : تنطبق الأحكام المتعلقة بتنفيذ هذا العهد دون إخلال بالإجراءات المقررة في ميدان حقوق الإنسان في أو بمقتضى الصكوك التأسيسية والاتفاقيات الخاصة بالأمم المتحدة والوكالات المتخصصة، ولا تمنع الدول الأطراف في هذا العهد من اللجوء إلى إجراءات أخرى لتسوية نزاع ما طبقا للاتفاقات الدولية العمومية أو الخاصة النافذة فيما بينها.

المادة (45) : تقدم اللجنة إلى الجمعية العامة للأمم المتحدة، عن طريق المجلس الاقتصادي والاجتماعي، تقريرا سنويا عن أعمالها.

الجزء الخامس

المادة (46) : ليس في أحكام هذا العهد ما يجوز تأويله على نحو يفيد إخلاله بما في ميثاق الأمم المتحدة ودساتير الوكالات المتخصصة من أحكام تحدد المسئوليات الخاصة بكل من هيئات الأمم المتحدة والوكالات المتخصصة بصدد المسائل التي يتناولها هذا العهد.

المادة (47) : ليس في أي من أحكام هذا العهد ما يجوز تأويله على نحو يفيد إخلاله بما لجميع الشعوب من حق أصيل في التمتع والانتفاع الكاملين، بملء الحرية، بثرواتها ومواردها الطبيعية.

الجزء السادس

المادة (48) : 1. هذا العهد متاح لتوقيع أية دولة عضو في الأمم المتحدة أو عضو في أية وكالة من وكالاتها المتخصصة، وأية دولة طرف في النظام الأساسي لمحكمة العدل الدولية، وأية دولة أخرى دعتها الجمعية العامة للأمم المتحدة إلى أن تصبح طرفا في هذا العهد.

2. يخضع هذا العهد للتصديق. وتودع صكوك التصديق لدى الأمين العام للأمم المتحدة.

3. يتاح الانضمام إلى هذا العهد لأية دولة من الدول المشار إليها في الفقرة 1 من هذه المادة.

4. يقع الانضمام بإيداع صك انضمام لدى الأمين العام للأمم المتحدة.

5. يخطر الأمين العام للأمم المتحدة جميع الدول التي وقعت هذا العهد أو انضمت إليه بإيداع كل صك من صكوك التصديق أو الانضمام.

المادة (49) : 1. يبدأ نفاذ هذا العهد بعد ثلاث أشهر من تاريخ إيداع صك الانضمام أو التصديق الخامس والثلاثين لدى الأمين العام للأمم المتحدة.

2. أما الدول التي تصدق هذا العهد أو تنضم إليه بعد أن يكون قد تم إيداع صك التصديق أو الانضمام الخامس والثلاثين فيبدأ نفاذ هذا العهد إزاء كل منها بعد ثلاث أشهر من تاريخ إيداعها صك تصديقها أو صك انضمامها.

المادة (50) : تنطبق أحكام هذا العهد، دون أي قيد أو استثناء على جميع الوحدات التي تتشكل منها الدول الاتحادية.

المادة (51) : 1. لأية دولة طرف في هذا العهد أن تقترح تعديلا عليه تودع نصه لدى الأمين العام للأمم المتحدة. وعلى أثر ذلك يقوم الأمين العام بإبلاغ الدول الأطراف في هذا العهد بأية تعديلات مقترحة، طالبا إليها إعلامه عما إذا كانت تحبذ عقد مؤتمر للدول الأطراف للنظر في تلك المقترحات والتصويت عليها. فإذا حبذ عقد المؤتمر ثلث الدول الأطراف على الأقل عقده الأمين العام برعاية الأمم المتحدة. وأي تعديل تعتمده أغلبية الدول الأطراف الحاضرة والمقترعة في المؤتمر يعرض على الجمعية العامة للأمم المتحدة لإقراره.

2. يبدأ نفاذ التعديلات متى أقرتها الجمعية العامة للأمم المتحدة وقبلتها أغلبية ثلثي الدول الأطراف في هذا العهد، وفقا للإجراءات الدستورية لدى كل منها.

3. متى بدأ نفاذ التعديلات تصبح ملزمة للدول الأطراف التي قبلتها، بينما تظل الدول الأطراف الأخرى ملزمة بأحكام هذا العهد وبأي تعديل سابق تكون قد قبلته.

المادة (52) : بصرف النظر عن الإخطارات التي تتم بمقتضى الفقرة 5 من المادة 48، يخطر الأمين العام للأمم المتحدة جميع الدول المشار إليها في الفقرة 1 من المادة المذكورة بما يلي:

(أ) التوقيعات والتصديقات والانضمامات المودعة طبقا للمادة 48.

(ب) تاريخ بدء نفاذ هذا العهد بمقتضى المادة 49، وتاريخ بدء نفاذ أية تعديلات تتم في إطار المادة 51.

المادة (53) : 1. يودع هذا العهد، الذي تتساوى في الحجية نصوصه بالأسبانية والإنكليزية والروسية والصينية والفرنسية، في محفوظات الأمم المتحدة.

2. يقوم الأمين العام للأمم المتحدة بإرسال صور مصدقة من هذا العهد إلى جميع الدول المشار إليها في المادة 48.

ب- البروتوكول الاختياري الأول

وهو جزء من الشرعة الدولية لحقوق الإنسان وملحق بالعهد الدولي الخاص بالحقوق المدنية والسياسية، دخل حيز التنفيذ في / /1976 يعطي الصلاحية ل (لجنة حقوق الإنسان) ***Commission on Human Rights***التابعة للمجلس الاقتصادي والاجتماعي والتي أنشئت بقرار من المجلس الاقتصادي والاجتماعي ذي الرقم (5) في 1946/2/16 [(1)] بالنظر في الشكاوى المقدمة من او بالوكالة عن الأفراد الذين يدعون إن إحدى الدول الأطراف في البروتوكول قد انتهكت حقوقهم المكفولة في العهد الدولي. فقد اعتمدته الجمعية العامة للأمم المتحدة بقرارها المرقم (2200) ألف (د – 21) في 1996/12/16 ودخل حيز التنفيذ في 1976/3/23 استنادا إلى المادة/9 من البروتوكول.

وفيما يلي النص الكامل للبروتوكول الأول:

---

(1) - باسيل يوسف: دبلوماسية حقوق الإنسان – المرجعية القانونية والاليات، منشورات بيت الحكمة، بغداد، 2002، ص104.

البروتوكول الاختياري الأول

الملحق بالعهد الدولي الخاص بالحقوق المدنية والسياسية بشأن تقديم شكاوي من قبل الأفراد *

اعتمد وعرض للتوقيع والتصديق والانضمام بموجب قرار الجمعية العامة للأمم المتحدة 2200 ألف (د-21) المؤرخ في 16 كانون الأول/ديسمبر 1966 تاريخ بدء النفاذ: 23 آذار/مارس 1976 وفقا لأحكام المادة 9 .

إن الدول الأطراف في هذا البروتوكول، إذ ترى من المناسب، تعزيزا لإدراك مقاصد العهد الدولي الخاص بالحقوق المدنية والسياسية (المشار إليه فيما يلي باسم -العهد-) ولتنفيذ أحكامه، تمكين اللجنة المعنية بحقوق الإنسان، المنشأة بموجب أحكام الجزء الرابع من العهد (المشار إليها فيما يلي باسم -اللجنة-)، من القيام وفقا لأحكام هذا البروتوكول، باستلام ونظر الرسائل المقدمة من الأفراد الذين يدعون أنهم ضحايا أي انتهاك لأي حق من الحقوق المقررة في العهد، **قد اتفقت على ما يلي:**

المادة (1) : تعترف كل دولة طرف في العهد، تصبح طرفا في هذا البروتوكول، باختصاص اللجنة في استلام ونظر الرسائل المقدمة من الأفراد الداخلين في ولاية تلك الدولة الطرف والذين يدعون أنهم ضحايا أي انتهاك من جانبها لأي حق من الحقوق المقررة في العهد. ولا يجوز للجنة استلام أية رسالة تتعلق بأية دولة طرف في العهد لا تكون طرفا في هذا البروتوكول.

المادة (2) : رهنا بأحكام المادة 1، للأفراد الذين يدعون أن أي حق من حقوقهم المذكورة في العهد قد انتهك، والذين يكونون قد استنفدوا جميع طرق التظلم المحلية المتاحة، تقديم رسالة كتابية إلى اللجنة لتنظر فيها.

* حقوق الإنسان: مجموعة صكوك دولية، المجلد الأول، الأمم المتحدة، نيويورك، 1993، رقم المبيع-A.94.XIV Vol.1, Part 1، ص 58. المتاح على العنوان الإلكتروني التالي:
<http://www1.umn.edu/humanrts/arabic.html>

المادة (3) : على اللجنة أن تقرر رفض أية رسالة مقدمة بموجب هذا البروتوكول تكون غفلا من التوقيع أو تكون، في رأى اللجنة منطوية على إساءة استعمال لحق تقديم الرسائل أو منافية لأحكام العهد.

المادة (4) : 1. رهنا بأحكام المادة 3، تحيل اللجنة أية رسالة قدمت إليها بموجب هذا البروتوكول إلى الدولة الطرف في هذا البروتوكول والمتهمة بانتهاك أي حكم من أحكام العهد.

2. تقوم الدولة المذكورة، في غضون ستة أشهر، بموافاة اللجنة بالإيضاحات أو البيانات الكتابية اللازمة لجلاء المسألة، مع الإشارة عند الاقتضاء إلى أية تدابير لرفع الظلامة قد تكون اتخذتها.

المادة (5) : 1. تنظر اللجنة في الرسائل التي تتلقاها بموجب هذا البروتوكول في ضوء جميع المعلومات الكتابية الموفرة لها من قبل الفرد المعنى ومن قبل الدولة الطرف المعنية.

2. لا يجوز للجنة أن تنظر في أية رسالة من أي فرد إلا بعد التأكد من:

(أ) عدم كون المسألة ذاتها محل دراسة بالفعل من قبل هيئة أخرى من هيئات التحقيق الدولي أو التسوية الدولية.

(ب) كون الفرد المعنى قد استنفذ جميع طرق التظلم المحلية المتاحة. ولا تنطبق هذه القاعدة في الحالات التي تستغرق فيها إجراءات التظلم مددا تتجاوز الحدود المعقولة.

3. تنظر اللجنة في الرسائل المنصوص عليها في هذا البروتوكول في اجتماعات مغلقة.

4. تقوم اللجنة بإرسال الرأي الذي انتهت إليه إلى الدولة الطرف المعنية وإلى الفرد.

المادة (6) : تدرج اللجنة في التقرير السنوي الذي تضعه عملا بالمادة 45 من العهد ملخصا للأعمال التي قامت بها في إطار هذا البروتوكول.

المادة (7): بانتظار تحقيق أغراض القرار 1514 (د- 15) الذي اعتمدته الجمعية العامة في 14 كانون الأول/ديسمبر 1960 بشأن إعلان منح الاستقلال للبلدان والشعوب المستعمرة، لا تفرض أحكام هذا البروتوكول أي تقييد من أي نوع لحق تقديم الالتماسات الممنوح لهذه الشعوب في ميثاق الأمم المتحدة وفى غيره من الاتفاقيات والصكوك الدولية المعقودة برعاية الأمم المتحدة ووكالاتها المتخصصة.

المادة (8) : 1. هذا البروتوكول متاح لتوقيع أي دولة وقعت العهد.

2. يخضع هذا البرتوكول لتصديق أية دولة صدقت العهد أو انضمت إليه. وتودع صكوك التصديق لدى الأمين العام للأمم المتحدة.

3. يتاح الانضمام إلى هذا البروتوكول لأية دولة صدقت العهد أو انضمت إليه.

4. يقع الانضمام بإيداع صك انضمام لدى الأمين العام للأمم المتحدة.

5. يخطر الأمين العام للأمم المتحدة جميع الدول التي وقعت هذا البروتوكول أو انضمت إليه بإيداع كل صك من صكوك التصديق أو الانضمام.

المادة (9) : 1. رهنا ببدء نفاذ العهد، يبدأ نفاذ هذا البروتوكول بعد ثلاثة أشهر من تاريخ إيداع صك التصديق أو الانضمام العاشر لدى الأمين العام للأمم المتحدة.

2. أما الدول التي تصدق هذا البروتوكول أو تنضم إليه بعد أن يكون قد تم إيداع صك التصديق أو الانضمام العاشر فيبدأ نفاذ هذا البروتوكول إزاء كل منها بعد ثلاثة أشهر من تاريخ إيداع صك تصديقه أو صك انضمامها.

المادة (10) : تنطبق أحكام هذا البروتوكول، دون أي قيد أو استثناء، على الوحدات التي تتشكل منها الدول الاتحادية.

المادة (11) : 1. لأية دولة طرف في هذا البروتوكول أن تقترح تعديلا عليه تودعه لدى الأمين العام للأمم المتحدة. وعلي إثر ذلك يقوم الأمين العام بإبلاغ الدول الأطراف في هذا البروتوكول بأية تعديلات مقترحة، طالبا إليها إعلامه عما إذا كانت تحبذ عقد مؤتمر للدول الأطراف للنظر في تلك المقترحات والتصويت عليها. فإذا حبذ عقد المؤتمر ثلث الدول الأطراف على الأقل عقده الأمين العام برعاية الأمم المتحدة، وأي تعديل تعتمده أغلبية الدول الأطراف الحاضرة والمقترعة في المؤتمر يعرض على الجمعية العامة للأمم المتحدة لإقراره.

2. يبدأ نفاذ التعديلات متى أقرتها الجمعية العامة للأمم المتحدة وقبلتها أغلبية ثلثي الدول الأطراف في هذا البروتوكول، وفقا للإجراءات الدستورية لدى كل منها.

3. متى بدأ نفاذ التعديلات تصبح ملزمة للدول الأطراف التي قبلتها، بينما تظل الدول الأطراف الأخرى ملزمة بأحكام هذا البروتوكول وبأي تعديل سابق تكون قد قبلته.

المادة (12) : 1. لأية دولة طرف أن تنسحب من هذا البروتوكول في أي حين بإشعار خطى توجهه إلى الأمين العام للأمم المتحدة. ويصبح الانسحاب نافذا بعد ثلاثة أشهر من تاريخ استلام الأمين العام للإشعار.

2. لا يخل الانسحاب باستمرار انطباق أحكام هذا البروتوكول على أية رسالة مقدمة بمقتضى المادة 2 قبل تاريخ نفاذ الانسحاب.

المادة (13) : بصرف النظر عن الاخطارات التي تتم بمقتضى الفقرة 5 من المادة 8 من هذا البروتوكول، يخطر الأمين العام للأمم المتحدة

جميع الدول المشار إليها في الفقرة 1 من المادة 48 من العهد بما يلي:

(أ) التوقيعات والتصديقات والانضمامات التي تتم بمقتضى المادة 8.

(ب) تاريخ بدء نفاذ هذا البروتوكول بمقتضى المادة 9، وتاريخ بدء نفاذ أية تعديلات تتم بمقتضى المادة 11.

(ج) إشعارات الانسحاب الواردة بمقتضى المادة 12.

المادة (14) : 1. يودع هذا البروتوكول، الذي تتساوى في الحجية نصوصه بالأسبانية والإنكليزية والروسية والصينية والفرنسية، في محفوظات الأمم المتحدة.

2. يقوم الأمين العام للأمم المتحدة بإرسال صور مصدقة من هذا البروتوكول إلى جميع الدول المشار إليها في المادة 48 من العهد.

ج- البروتوكول الاختياري الثاني

هذا البروتوكول يتعلق بإلغاء عقوبة الإعدام، فقد اعتمدته الجمعية العامة للأمم المتحدة بقرارها المرقم (128/44) في 1989/12/15 ودخل حيز التنفيذ في 11/7 1991. وقد وافقت الدول الأطراف في البروتوكول على إن تضمن عدم إعدام أي فرد خاضع لولايتها القضائية في وقت السلم، وعلى ان تتخذ كافة التدابير اللازمة لإلغاء عقوبة الإعدام. **وفيما يلي النص الكامل للبروتوكول الثاني:**

البروتوكول الاختياري الثاني

الملحق بالعهد الدولي الخاص بالحقوق المدنية والسياسية بهدف العمل علي إلغاء عقوبة الإعدام *

* حقوق الإنسان: مجموعة صكوك دولية، المجلد الاول، الأمم المتحدة، نيويورك، 1993، رقم المبيع-A.94.XIV، Vol.1, Part 1، ص 64.المتاح على العنوان الإلكتروني التالي:

<http://www1.umn.edu/humanrts/arabic.html>

اعتمد وعرض للتوقيع والتصديق والانضمام بموجب قرار الجمعية العامة للأمم المتحدة 128/44 المؤرخ في 15 كانون الأول/ديسمبر 1989 دخل حيز النفاذ: في 11 تموز/يوليو 1991، وفقا لأحكام المادة 8 .

إن الدول الأطراف في هذا البرتوكول، إذ تؤمن بأن إلغاء عقوبة الإعدام يسهم في تعزيز الكرامة الإنسانية والتطوير التدريجي لحقوق الإنسان، وإذ تشير إلي المادة 3 من الإعلان العالمي لحقوق الإنسان المعتمد في 10 كانون الأول/ديسمبر 1948، والمادة 6 من العهد الدولي الخاص بالحقوق المدنية والسياسية المعتمد في 16 كانون الأول/ديسمبر 1966، وإذ تلاحظ أن المادة 6 من العهد الدولي الخاص بالحقوق المدنية والسياسية تشير إلي إلغاء عقوبة الإعدام بعبارات توحي بشدة بأن هذا الإلغاء أمر مستصوب، واقتناعا منها بأنه ينبغي اعتبار جميع التدابير الرامية إلي إلغاء عقوبة الإعدام تقدما في التمتع بالحق في الحياة، ورغبة منها في أن تأخذ علي عاتقها بموجب هذا البرتوكول التزاما دوليا بإلغاء عقوبة الإعدام، **اتفقت علي ما يلي:**

المادة (1) : 1. لا يعدم أي شخص خاضع للولاية القضائية لدولة طرف في هذا البروتوكول.

2. تتخذ كل دولة طرف جميع التدابير اللازمة لإلغاء عقوبة الإعدام داخل نطاق ولايتها القضائية.

المادة (2) : 1. لا يسمح بأي تحفظ علي هذا البروتوكول إلا بالنسبة لتحفظ يكون قد أعلن عند التصديق عليه أو الانضمام إليه، وينص علي تطبيق عقوبة الإعدام في وقت الحرب طبقا لإدانة في جريمة بالغة الخطورة تكون ذات طبيعة عسكرية وترتكب في وقت الحرب.

2. ترسل الدولة الطرف، التي تعلن مثل هذا التحفظ، إلي الأمين العام للأمم المتحدة، عند التصديق علي البروتوكول أو الانضمام إليه، الأحكام ذات الصلة من تشريعاتها الوطنية التي تطبق في زمن الحرب.

3. تقوم الدولة الطرف التي تعلن مثل هذا التحفظ بإخطار الأمين العام للأمم المتحدة ببداية أو نهاية أي حالة حرب تكون منطبقة علي أراضيها.

المادة (3) : تقوم الدول الأطراف في هذا البروتوكول بتضمين التقارير التي تقدمها إلي اللجنة المعنية بحقوق الإنسان، وفقا للمادة 40 من

العهد، معلومات عن التدابير التي اتخذتها لإنفاذ هذا البروتوكول.

المادة (4) : بالنسبة للدول الأطراف في العهد التي تكون قد قدمت إعلانا بموجب المادة 41، يمتد اختصاص اللجنة المعنية بحقوق الإنسان في استلام الرسائل والنظر فيها، عندما تدعي دولة طرف أن دولة طرفا أخري لا تفي بالتزاماتها، ليشمل أحكام هذا البروتوكول ما لم تصدر الدولة الطرف المعنية بيانا يفيد العكس عند التصديق علي البروتوكول أو الانضمام إليه.

المادة (5) : بالنسبة للدول الأطراف في البروتوكول الاختياري الأول للعهد الدولي الخاص بالحقوق المدنية والسياسية المعتمد في 16 كانون الأول/ديسمبر 1966، يمتد اختصاص اللجنة المعنية بحقوق الإنسان في استلام الرسائل الواردة من أفراد خاضعين لولايتها القضائية والنظر فيها، ليشمل أحكام هذا البروتوكول ما لم تصدر الدولة الطرف المعنية بيانا يفيد العكس عند التصديق علي البروتوكول أو الانضمام إليه.

المادة (6) : 1. تنطبق أحكام هذا البروتوكول كأحكام إضافية للعهد.

2. دون المساس بإمكانية إعلان تحفظ بموجب المادة 2 من هذا البروتوكول، لا ينتقص الحق المضمون في الفقرة 1 من المادة 1 من هذا البروتوكول بموجب المادة 4 من العهد.

المادة (7) : 1. باب التوقيع علي هذا البروتوكول مفتوح أمام أية دولة من الدول الموقعة علي العهد.

2. تصدق علي هذا البروتوكول أية دولة تكون قد صدقت علي العهد أو انضمت إليه. وتودع صكوك التصديق لدي الأمين العام للأمم المتحدة.

3. يفتح باب الانضمام إلي هذا البروتوكول أمام أية دولة تكون قد صدقت علي العهد أو انضمت إليه.

4. يبدأ نفاذ الانضمام بإيداع صك الانضمام لدي الأمين العام للأمم المتحدة.

5. يقوم الأمين العام للأمم المتحدة بإبلاغ جميع الدول التي وقعت علي هذا البروتوكول أو انضمت إليه، عن إيداع كل صك من صكوك التصديق أو الانضمام.

المادة (8) : 1. يبدأ نفاذ هذا البروتوكول بعد مضي ثلاثة أشهر من تاريخ إيداع صك التصديق أو الانضمام العاشر لدي الأمين العام للأمم المتحدة.

2. يبدأ نفاذ هذا البرتوكول بالنسبة لكل دولة تصدق عليه أو تنضم إليه بعد إيداع صك التصديق أو الانضمام العاشر، بعد مضي ثلاثة أشهر من تاريخ إيداع صك التصديق أو الانضمام الخاص بها.

المادة (9) : تنطبق أحكام هذا البروتوكول علي جميع أجزاء الدول الاتحادية دون أية قيود أو استثناءات.

المادة (10) : يقوم الأمين العام للأمم المتحدة بإبلاغ جميع الدول المشار إليها في الفقرة 1 من المادة 48 من العهد بالتفاصيل التالية:

(أ) التحفظات والرسائل والإخطارات الصادرة بموجب المادة 2 من هذا البروتوكول.

(ب) البيانات الصادرة بموجب المادة 4 أو المادة 5 من هذا البروتوكول.

(ت) التوقيعات والتصديقات والإنضمامات بموجب المادة 7 من هذا البروتوكول.

(ث) تاريخ بدء نفاذ هذا البروتوكول بموجب المادة 8 منه.

المادة (11) : 1. يودع هذا البروتوكول، الذي تتساوى نصوصه الأسبانية والإنكليزية والروسية والصينية والعربية والفرنسية في الحجية في محفوظات الأمم المتحدة.

2. يقوم الأمين العام بإرسال نسخ موثقة من هذا البروتوكول إلي جميع الدول المشار إليها في المادة 48 من العهد.

ثالثا : المعاهدات الأخرى لحقوق الإنسان التي اعتمدتها الأمم المتحدة

إن إدراج حقوق الإنسان في ميثاق الأمم المتحدة قد أدى إلى مسيرة قانونية دولية مستمرة لتقنين حقوق الإنسان على الصعيد الدولي بصيغة صكوك دولية متعددة الأوجه تمثلت في إعلانات ومبادئ قانونية توجيهية للدول ومجموعة من الاتفاقيات الدولية، حيث نشأ ما أطلق عليه (القانون الدولي الإنساني) أو (القانون الدولي لحقوق الإنسان) الذي يضم أكثر من مائة صكوك دولية لحقوق الإنسان خلال خمسين عاما، بعد الإعلان العالمي لحقوق الإنسان، كانت اتفاقية منع ومعاقبة جريمة ابادة الجنس البشري - Convention on the Prevention and Pun ishment of the Ceime of Genocide- أول اتفاقية اعتمدتها الجمعية العامة للأمم المتحدة، حيث اعتمدتها بموجب قرارها المرقم (260) ألف (د - 3) في 1948/12/9 ودخلت حيز التنفيذ في 1951/1/12 استنادا إلى المادة/13 من الاتفاقية.

وتضمنت الاتفاقية ديباجة وتسع عشرة مادة. وجاء في الديباجة ان: (إبادة الجنس البشري هو عمل يشكل جريمة من وجهة نظر القانون الدولي، كما أنها تتعارض بشكل صارخ مع إغراض الأمم المتحدة ومقاصدها).

وتضمنت مواد الاتفاقية الأحكام الخاصة بكيفية تصدي المجتمع الدولي لجريمة إبادة الجنس البشري.

ولاشك في ان هذه الاتفاقية كانت قد وضعت تحت تأثير الحرب العالمية الثانية وما تركته من ويلات ومآسي للتطهير العرقي وأعمال الإبادة ضد الجنس البشري. وكانت تمهيدا لاتفاقيات جنيف الأربعة لعام 1949 بخصوص الضحايا في الحرب والسلم.

وهناك اتفاقيات دولية أخرى كثيرة لحقوق الإنسان قد اعتمدتها الجمعية العامة للأمم المتحدة بعد هذا التأريخ، **سندرجها أدناه ونركز الكلام عن اتفاقيات جنيف الأربعة وبروتوكوليها الإضافيين:**

1- اتفاقية حق التنظيم النقابي والمفاوضة الجماعية التي اعتمدها المؤتمر العام لمنظمة العمل الدولية في 1949/7/1 والتي دخلت حيز التنفيذ في 1951/7/18 بموجب المادة/8 منها.

2- اتفاقية جنيف لتحسين حال الجرحى والمرضى في القوات المسلحة في الميدان المنعقدة من المؤتمر الدبلوماسي لوضع اتفاقيات دولية لحماية ضحايا الحروب بتأريخ 1849/8/12 والنافذة المفعول بتاريخ 1950/10/21.

3- اتفاقية جنيف لتحسين حال جرحى ومرضى وغرقى القوات المسلحة في البحار المنعقدة في المؤتمر الدبلوماسي لوضع اتفاقيات دولية لحماية ضحايا الحروب بتأريخ 1849/8/12 والنافذة المفعول بتاريخ 1950/10/21.

4- اتفاقية جنيف بشأن معاملة أسرى الحرب المنعقدة في المؤتمر الدبلوماسي لوضع اتفاقيات دولية لحماية ضحايا الحروب بتأريخ 1849/8/12 والنافذة المفعول بتاريخ 1950/10/21.

5- اتفاقية جنيف بشأن حماية الأشخاص المدنيين في وقت الحرب المنعقدة في المؤتمر الدبلوماسي لوضع اتفاقيات دولية لحماية ضحايا الحروب بتأريخ 1849/8/12 والنافذة المفعول بتاريخ 1950/10/21.

6- اتفاقية حظر الاتجار بالأشخاص واستغلال دعارة الغير المنعقدة في الجمعية العامة في 1949/12/2 والنافذة المفعول في 1951/7/25.

7- اتفاقية المساواة في الأجور المنعقدة من المؤتمر العام لمنظمة العمل الدولية في 1951/6/29 والنافذة المفعول في 1951/7/25.

8- الاتفاقية الخاصة بوضع اللاجئين المنعقدة من مؤتمر الأمم المتحدة للمفوضين بشأن اللاجئين وعديمي الجنسية في 1951/7/28 والنافذة المفعول في 1954/4/22.

9- الاتفاقية الخاصة بالحق الدولي في التصحيح المنعقدة من الجمعية العامة في 1952/12/16 والنافذة المفعول في 1962/8/24.

10- اتفاقية بشأن الحقوق السياسية للمرأة المنعقدة من الجمعية العامة في 1952/12/20 والنافذة المفعول في 1954/7/7.

11- بروتوكول بتعديل الاتفاقية الخاصة بالرق الموقعة في جنيف في 1926/9/25 المنعقدة من الجمعية العامة في 1953/10/22 والنافذة المفعول في 1953/12/7.

12- اتفاقية بشأن وضع الأشخاص عديمي الجنسية اعتمدها مؤتمر المفوضين في 1954/9/28 دعا إلى عقده المجلس الاقتصادي والاجتماعي والنافذة المفعول في 1960/6/6.

13- الاتفاقية التكميلية لإبطال الرق وتجارة الرقيق والأعراف والممارسات الشبيهة بالرق التي اعتمدت من مؤتمر للفوضين عقد في جنيف في 1956/9/7 دعا إلى عقده المجلس الاقتصادي والاجتماعي والنافذة المفعول في 1957/4/30.

14- اتفاقية بشأن جنسية المرأة المتزوجة المنعقدة من الجمعية العامة في 1957/1/29 والنافذة المفعول في 1985/8/11.

15- اتفاقية تحريم السخرة المعتمدة من المؤتمر العام لمنظمة العمل الدولية في 1957/5/26 والنافذة المفعول في 1959/1/17.

16- اتفاقية التمييز في مجال الاستخدام والمهنة المعتمدة من المؤتمر العام لمنظمة العمل الدولية في 1958/6/25 والنافذة المفعول في 1960/6/15.

17- الاتفاقية الخاصة بمكافحة التمييز في مجال التعليم المعتمدة من المؤتمر العام لمنظمة اليونسكو في 1960/12/14 والنافذة المفعول في 1962/5/22.

18- اتفاقية يشأن خفض حالات انعدام الجنسية اعتمدها مؤتمر مفوضين في 1961/8/30 والنافذة المفعول في 1975/12/13.

19- اتفاقية الرضا بالزواج والحد الأدنى لسن الزواج وتسجيل عقود الزواج اعتمدته الجمعية العامة في 1962/11/7 والنافذة المفعول في 1964/12/9.

20- بروتوكول إنشاء لجنة للتوفيق والمساعي الحميدة يناط بها البحث عن تسوية لأية خلافات قد تنشأ بين الدول الأطراف في الاتفاقية الخاصة بمكافحة التمييز في مجال التعليم المعتمد من المؤتمر العام لمنظمة اليونسكو في 1962/12/10 والنافذة المفعول في 1968/10/24.

21- اتفاقية سياسة العمالة المعتمدة من المؤتمر العام لمنظمة العمل الدولية في 1964/7/9 والنافذة المفعول في 1966/7/15.

22- الاتفاقية الدولية للقضاء على جميع اشكال التمييز العنصري المعتمدة من الجمعية العامة في 1965/12/21 والنافذة المفعول في 1969/1/4.

23- البروتوكول الخاص بوضع اللاجئين الذي اقر من الجمعية العامة في 1966/12/16 والنافذة المفعول في 1967/10/4.

24- اتفاقية عدم تقادم جرائم الحرب والجرائم المرتكبة ضد الإنسانية المعتمدة من الجمعية العامة في 1968/11/26 والنافذة المفعول في 1970/11/11.

25- الاتفاقية الخاصة بممثلي العمال المعتمدة من المؤتمر العام لمنظمة العمل الدولية في 1971/6/23 من المؤتمر العام لمنظمة العمل الدولية في 1973/6/30.

26- الاتفاقية الدولية لقمع جريمة الفصل العنصري والمعاقبة عليها المعتمدة من الجمعية العامة في 1973/11/30 والنافذة المفعول في 1976/7/18.

27- البروتوكول الإضافي الأول الملحق باتفاقيات جنيف المعقودة في 1949/8/12 والمتعلق بحماية ضحايا النزاعات السلحة الدولية المعتمد من المؤتمر الدبلوماسي لإعادة تأكيد القانون الإنساني الدولي المنطبق على المنازعات المسلحة وتطويره في 1977/6/8 والنافذ المفعول في 1978/12/7.

28- البروتوكول الإضافي الثاني الملحق باتفاقيات جنيف المعقودة في 1949/8/12 والمتعلق بحماية ضحايا النزاعات المسلحة غير الدولية المعتمد من المؤتمر

الدبلوماسي لإعادة تأكيد القانون الإنساني الدولي المنطبق على المنازعات المسلحة وتطويره في 1977/6/8 والنافذ المفعول في 1978/12/7.

29- اتفاقية علاقات العمل (في الخدمة العامة) المعتمدة من المؤتمر العام لمنظمة العمل الدولية في 1978/6/27 والنافذة المفعول في 1981/9/3.

30- اتفاقية تشجيع المفاوضة الجماعية (اتفاقية رقم 154) المعتمدة من المؤتمر العام لمنظمة العمل الدولية في 1981/6/19 والنافذة المفعول في 1983/8/11.

31- اتفاقية مناهضة التعذيب وغيره من ضروب المعاملة او العقوبة القاسية او اللاانسانية او المهينة المعتمدة من الجمعية العامة في 1984/12/10 والنافذة المفعول في 1987/6/26.

32- اتفاقية رقم (168) بشأن النهوض بالعمالة والحماية من البطالة المعتمدة من المؤتمر العام لمنظمة العمل الدولية في 1988/6/21 والنافذة المفعول في 1991/10/17.

33- اتفاقية بشأن الشعوب الأصلية والقبلية في البلدان المستقلة (اتفاقية رقم 169) المعتمدة من المؤتمر العام لمنظمة العمل الدولية في 1989/6/27 والنافذة المفعول في 1991/9/5.

34- اتفاقية حقوق الطفل المعتمدة من الجمعية العامة في 1989/11/20 والنافذة المفعول في 1990/9/2.

35- الاتفاقية الدولية لحماية حقوق جميع العمال المهاجرين وأفراد أسرهم المعتمدة من الجمعية العامة في 1990/12/18 .

36- البروتوكول الاختياري الملحق باتفاقية القضاء على جميع أشكال التمييز ضد المرأة المعتمد من الجمعية العامة بتاريخ 1999/10/6.

37- البروتوكول الاختياري الملحق باتفاقية حقوق الطفل حول إشراك الأطفال بالنزاعات المسلحة المعتمد من الجمعية العامة بتاريخ 2000/5/25.

38- البروتوكول الاختياري الملحق باتفاقية حقوق الطفل المتعلق ببيع الأطفال واستغلال دعارة الأطفال والصادر عن الجمعية العامة بتاريخ 2000/5/25[1].

بعد أن أدرجنا هذه الاتفاقيات الدولية والمتعلقة بقضايا حقوق الإنسان، نتكلم الآن وبشكل موجز عن اتفاقيات جنيف الأربعة والمؤرخة في 1949/8/12 وبروتوكوليها الإضافيين:

انعقد في جنيف خلال فترة 4/21 لغاية 1949/8/15 (المؤتمر الدبلوماسي لوضع اتفاقيات دولية لحماية ضحايا الحرب) الذي ادعى إليه المجلس الاتحادي السويسري بوصفه راعيا لاتفاقيات جنيف.

وبعد أربعة أشهر من المداولات المتصلة والمتعمقة، توصل المؤتمر في 1949/8/12 الى اعتماد الاتفاقيات الأربع التالية:

الاتفاقية الأولى: خاصة بجرحى ومرضى أفراد القوات المسلحة في ميدان القتال.

الاتفاقية الثانية: خاصة بالجرحى والمرضى والغرقى من بين أفراد القوات المسلحة في البحار.

الاتفاقية الثالثة: خاصة بأسرى الحرب.

الاتفاقية الرابعة: تتعلق بحماية الأشخاص المدنيين في وقت الحرب.

وفي المؤتمر الدبلوماسي المنعقد في جنيف خلال فترة 1974 - 1977 اقر المؤتمر بروتوكولين أضافيين لاتفاقيات جنيف الأربع لعام 1949[2].

(1) - هذه الاتفاقيات مأخوذة من (باسيل يوسف): دبلوماسية حقوق الإنسان، المصدر السابق، ص20-26 .

(2) - عامر الزمالي: مدخل إلى القانون الدولي الإنساني، منشورات المعهد العربي لحقوق الإنسان، ط/1، 1993، ص21.

4- النتائج

يمكن إن نحدد النتائج التي تم التوصل إليها في هذا البحث بالنقاط الآتية:

- لا يمكن لأي شخص أن ينال جميع حقوقه كاملة إلا في ظل نظام ديمقراطي حقيقي لان النظام الديمقراطي هو الذي يضمن تلك الحقوق لأفراد المجتمع.
- إن حقوق الإنسان جزء من الحقوق الطبيعية والتي تأخذ من القانون الطبيعي مصدرا لها.
- رغم انه يوجد الآن اتفاق عالمي على مبادئ حقوق الإنسان ، إلا أنه ليس هنالك اتفاق بنفس الدرجة على طبيعة حقوق الإنسان وفحواها.
- إن الحق مرتبط بالقانون ولا ينفصل عنه، لان الحماية القانونية ركن من أركان الحق.
- لا خلاف بين الفقه الإسلامي والمذهب الفردي في قدسية الحق وحق صاحبه في ممارسته للانتفاع به بمختلف الطرق المشروعة لتحقيق مصالحه الشخصية والاجتماعية.
- إن نزعة الفقه الإسلامي بشأن حقوق الإنسان، نزعة وسطية بين المذهب الفردي والمذهب الاشتراكي.
- إن فكرة العقد الاجتماعي قد طرحت لتصدي الحكم المطلق، وذلك بإظهار القيمة التي يتمتع بها الفرد كطرف من أطراف العلاقة مع الحكام.
- لم تعد حقوق الإنسان قضية داخلية فحسب، بل أصبحت قضية المجتمع الدولي بأسره، لذا أصبحت جزءا من المبادئ الآمرة الملزمة من الاتفاقات الاشتراعية في القانون الدولي المعاصر ولا ينفصل عنها.

المصادر والمراجع

الكتب:

- بعد القرآن الكريم
- د. أبو اليزيد علي المتيت: حقوق الإنسان الأساسية والديمقراطية- النظم السياسية والحريات العامة، ط/2، مؤسسة شباب الجامعية، 1982.
- باسيل يوسف: دبلوماسية حقوق الإنسان – المرجعية القانونية والآليات، منشورات بيت الحكمة، بغداد، 2002.
- د. حسن علي ذنون: فلسفة القانون، ط/1، مطبعة العاني، بغداد، 1975.
- ملا حسين شيخ سعدي – برشنطى رِؤذى كوردةوارى لة شةرحى بوخارى – ج/1 اعداد المحامي بشير حسين سعدى، مطبعة جامعة صلاح الدين، 1994.
- د. سمير عبد السيد تناغو: النظرية العامة للقانون، منشورات منشأة المعارف بالإسكندرية، 1986.
- د. سهيل حسين الفتلاوي: حقوق الإنسان في حضارة وادي الرافدين، منشور في جريدة (الجمهورية) العدد () في 2001/9/11.
- د. عبد الحسين شعبان: محاضرات في القانون الدولي الإنساني وحقوق الإنسان، ألقيت على طلبة الدراسات العليا - الدكتوراه لكلية القانون والسياسة، قسم القانون، جامعة صلاح الدين،الكورس الثاني للعام الدراسي 2000/1999.

- د. عبد الحسين شعبان: محاضرات في القانون الدولي الإنساني وحقوق الإنسان، ألقيت على طلبة الدراسات العليا - الدكتوراه لكلية القانون والسياسة، قسم القانون، جامعة صلاح الدين،الكورس الثاني للعام الدراسي 2000/1999.

- د. عبد الحسين شعبان: ثقافة حقوق الإنسان، ط/1، منشورات رابطة كاوا للثقافة الكردية، اربيل،2001.
- د. عبدالرحمن رحيم: الترابط العضوي مابين حقوق الإنسان والديمقراطية ، بحث نشر في مجلة كاروان الأكاديمي الصادرة من قبل وزارة الثقافة - اربيل، السنة الأولى العدد/2 الجلد الأول ربيع 1977.
- د. عبدالرحمن رحيم: فلسفة القانون، ط/1، مطبعة جامعة صلاح الدين/ اربيل،2000.
- د. عامر سليمان: القانون في العراق القديم، منشورات دار الشؤون الثقافية العامة، بغداد، 1987.
- د. عبد السلام علي المزوغي: النظرية العامة لعلم القانون - الكتاب السابع - مركز الإنسان في المجتمع، ط/2، منشورات الدار الجماهيرية للنشر والتوزيع والإعلان، بنغازي،1993.
- د. عصام عطية: القانون الدولي العام، ط/4، منشورات كلية القانون، جامعة بغداد، الشركة العراقية للطباعة الفنية المحدودة، بغداد، 1987.
- عامر الزمالي: مدخل الى القانون الدولي الإنساني، منشورات المعهد العربي لحقوق الإنسان، ط/1، 1993.
- د. فوزي رشيد: الشرائع العراقية القديمة، منشورات دار الشؤون الثقافية العامة، بغداد، 1987.
- فؤاد كامل وآخرون: الموسوعة الفلسفية المختصرة، مراجعة د. زكي نجيب محمود، منشورات مكتبة الانجلو المصرية، ط/1 ، القاهرة، 1963.
- د. كامران الصالحي: حقوق الإنسان والمجتمع المدني بين النظرية والتطبيق، ط/2، منشورات مؤسسة موكريان للطباعة والنشر، اربيل، 2000.
- كمال سعدي مصطفى: ضةمكى ماف، مطبعة كريستال، ط/2، 1998.
- د.منذر الشاوي: مذاهب القانون، منشورات بيت الحكمة، بغداد، 1991.

- د. منذر الشاوي: الدولة الديموقراطية، ط/1، منشورات المجمع العلمي العراقي، مديرية دار الكتب للطباعة والنشر، بغداد، 1998.
- د. محمد شريف: فكرة القانون الطبيعي عند المسلمين، منشورات وزارة الثقافة والأعلام، ط/1، دار الحرية للطباعة، بغداد.
- محمد شريف احمد: البصيرة الإسلامية، ط/1 ، منشورات دار البشير ، عمان ، أردن،2000.
- الدكتور مصطفى الزلمي وآخرون: المدخل لدراسة الشريعة الإسلامية، ط/1، من منشورات وزارة التعليم العالي والبحث العلمي، العراق، 1980ا .
- الدكتور ملحم قربان: قضايا الفكر السياسي- الحقوق الطبيعية أو القانون الطبيعي، ط/1، المؤسسة الجامعية للدراسات والنشر والتوزيع، لبنان، ، 1983.
- الدكتور محمد فاروق نبهان: الفضيلة والحق ،ص ص16-18، مقال منشور في مجلة الفيصل تصدر عن دار الفيصل الثقافية بدولة السعودية، السنة الثالثة عشر، العدد/155، كانون الأول 1989.

الوثائق :

- حقوق الإنسان -1- ميثاق وإعلان وتعهدان دوليان وبروتوكول: بحث منشور في مجلة الحقوقي التي تصدرها جمعية الحقوقيين العراقيين، العدد/1، كانون الأول 2000.
- الإعلان العالمي لحقوق الإنسان، ئةنيستيتؤى كورد في الباريس، سنة 1992.
- *حقوق الإنسان: مجموعة صكوك دولية، المجلد الاول، الأمم المتحدة، نيويورك، 1993، رقم المبيع A.94.XIV-Vol.1, Part 1 ص 11. المتاح على العنوان الإلكتروني التالي:

<http://www1.umn.edu/humanrts/arabic.html>

المحتويـــات

المؤلف في سطور

- ولد في كوردستان العراق/مدينة اربيل عام 1956
- اكمل الدراسة الابتدائية والمتوسطة والثانوية فيها، ثم التحق بعدها بكلية القانون في العام الدراسي 1985/1984، وحصل على شهادة البكالوريوس في القانون في العام الدراسي 1988 /1989.
- عضو الهيئة التأسيسية للجمعية العراقية لحقوق الإنسان.
- التحق بالنقابة المحاميين عام 1990 ، ومارس المحامات لمدة اكثر من خمس سنوات، و التحق بالدراسات العليا بكلية القانون/ جامعة صلاح الدين عام 1993، وحصل على شهادة الماجستير في القانون في رسالته الموسومة (حق الملكية الادبية والفنية في القانون العراقي والمقارن) في 1999/4/2، ثم عين تدريسيا في الكلية المذكورة عام 1996، ومارس مهام ادارية وعلمية عديدة، كالاشراف على الدراسات العليا وعضوا لمجلس الكلية ممثلا عن التدريسيين ومقررا لقسم القانون ومسؤولا عن مركز البحوث القانونية والسياسية الاكاديمية.
- التحق بالدكتوراه في كلية القانون/ جامعة صلاح الدين عام 2000 وحصل على شهادة الدكتوراه في القانون العام في رسالته الموسومة (الاطار القانوني لحرية الصحافة في اقليم كوردستان العراق - دراسة مقارنة) في 2003/6/19.
- صدرت له عشرون كتابا وكتيبة في المجالات القانونية والادبية.
- له البحوث والدراسات العلمية منشورة أو مقبولة للنشر في مجال القانون والحقوق وحرية الصحافة.
- عمل في مجال الصحافة منذ عام 1976 واشغل مركز رئيس التحرير وسكرتير التحرير وعضو هيئة التحرير لبعض الصحف والمجلات وهو الان ومنذ ثلاثة سنوات عضوا لهيئة تحرير مجلة (الميزان) التي يصدرها اتحاد حقوقيي كوردستان العراق باللغتين الكوردية والعربية.

Printed in the United States
By Bookmasters